Impressum
Verlag: BABADADA GmbH, Nedderfeld 112 , 22529 Hamburg
Geschäftsführer / Verlagsleitung: Harald Hof
Druck: Books on Demand GmbH, In de Tarpen 42, 22848 Norderstedt

Imprint
Publisher: BABADADA GmbH, Nedderfeld 112 , 22529 Hamburg, Germany
Managing Director / Publishing direction: Harald Hof
Print: Books on Demand GmbH, In de Tarpen 42, 22848 Norderstedt

σχολείο

مکتب

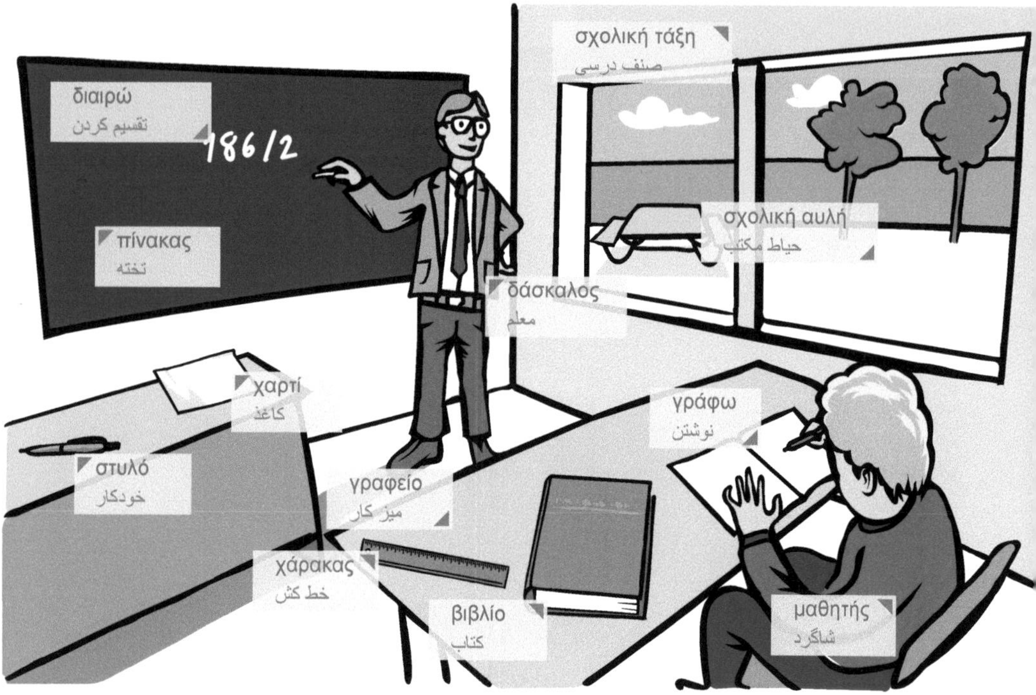
σχολική τάξη
صنف درسی
διαιρώ
تقسیم کردن
186/2
πίνακας
تخته
σχολική αυλή
حیاط مکتب
δάσκαλος
معلم
χαρτί
کاغذ
γράφω
نوشتن
στυλό
خودکار
γραφείο
میز کار
χάρακας
خط کش
βιβλίο
کتاب
μαθητής
شاگرد

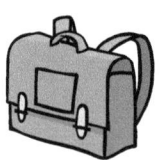

σχολική τσάντα

بیگ مکتب

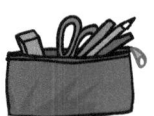

κασετίνα/ μολυβοθήκη

قلم دانی

μολύβι

پنسل

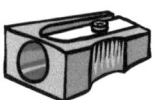

ξύστρα

پنسل تراش

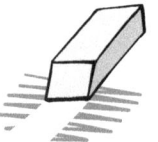

γόμα

پنسل پاک

μπλοκ ζωγραφικής

کتابچه رسم

ζωγραφική

نقاشی

πινέλο

برس رنگ زنی

κουτί χρωμάτων

بکسک رنگه

ψαλίδι

قیچی

κόλλα

سریش

τετράδιο ασκήσεων

کتاب تمرین

εργασία για το σπίτι

کار خانگی

αριθμός

عدد

προσθέτω

جمع کردن

αφαιρώ

تفریق کردن

πολλαπλασιάζω

ضرب کردن

υπολογίζω

حساب کردن

γράμμα

حرف

αλφάβητο

الفبا

hello

λέξη

کلمه

κείμενο

متن

διαβάζω

خواندن

κιμωλία

تباشیر

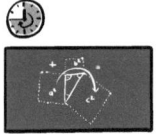

μάθημα

درس

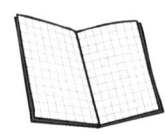

εγγράφομαι

ثبت نام

τεστ

امتحان

πιστοποιητικό

تصدیقنامه

μαθητική στολή

یونیفورم مکتب

εκπαίδευση

تحصیل

εγκυκλοπαίδεια

دانشنامه

πανεπιστήμιο

پوهنتون

μικροσκόπιο

مایکروسکوپ

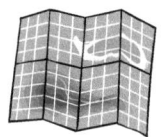

χάρτης

نقشه

καλάθι αχρήστων

سبد کاغذ باطله

ξενοδοχείο
هوتل

Grand

ξενώνας
لیلیه

ROOMS

ανταλλακτήρια συναλλάγματος
دفتر صرافی

EXCHANGE

βαλίτσα
بیگ سفری

αυτοκίνητο
موتر

γλώσσα

زبان

ναι / όχι

بلی / نخیر

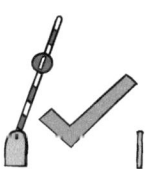

εντάξει

بسیار خوب

γεια σου

سلام

μεταφραστής

مترجم

Ευχαριστώ

تشکر از شما

πόσο κάνει ;

قیمتش چقدر است؟

Δε καταλαβαίνω

نمی فهمم

πρόβλημα

مشکل

Καλησπέρα!

عصر بخیر! / شب بخیر!

Καλημέρα!

صبح بخیر!

Καληνύχτα!

شب بخیر!

Αντίο

خداحافظ

κατεύθυνση

مسیر

αποσκευές

بار مسافر

τσάντα

بیگ

σακίδιο πλάτης

بیگ پشتکی

καλεσμένος

مهمان

δωμάτιο

اطاق

υπνόσακος

بستره خواب سیار

σκηνή

خِیمه

τουριστικές πληροφορίες

معلومات توریستی

παραλία

ساحل

πιστωτική κάρτα

کریدیت کارت

πρωινό

صبحانه

μεσημεριανό

طعام چاشت

δείπνο

غذای شام

εισιτήριο

تکت

ανελκυστήρας

لفت

γραμματόσημο

مهر

σύνορα

مرز

τελωνείο

گمرک

πρεσβεία

سفارتخانه

βίζα

ویزه

διαβατήριο

پاسپورت

μεταφορά
حمل و نقل

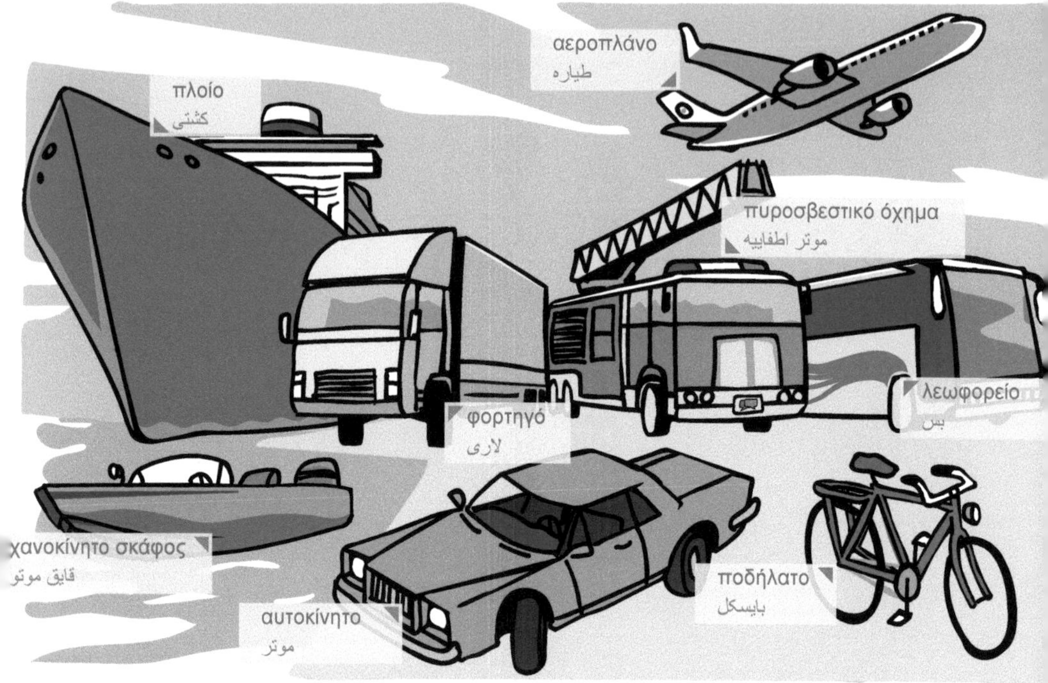

αεροπλάνο
طیاره
πλοίο
کشتی
πυροσβεστικό όχημα
موتر اطفاییه
λεωφορείο
بس
φορτηγό
لاری
χανοκίνητο σκάφος
قایق موتو
ποδήλατο
بایسکل
αυτοκίνητο
موتر

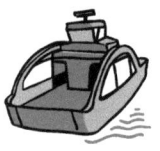

φεριμπότ

کشتی

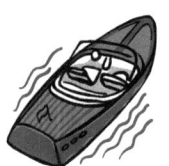

βάρκα

قایق

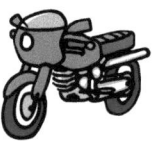

μοτοσικλέτα

موترسایکل

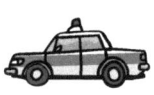

περιπολικό

موتر پولیس

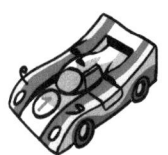

αγωνιστικό αυτοκίνητο

موتر مسابقه

ενοικιαζόμενο αυτοκίνητο

موتر کرایی

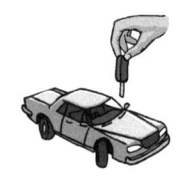

διαμοιρασμός αυτοκινήτων

اشتراک وسایط

γερανός

جرثقیل

απορριμματοφόρο

موتر حمل زباله

κινητήρας

موتور

καύσιμο

تیل

βενζινάδικο

تانک تیل

πινακίδα σήμανσης

علامت ترافیکی

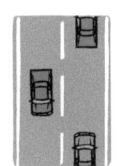

κυκλοφορία

عبور و مرور

κυκλοφοριακή συμφόρηση

راهبندان

χώρος στάθμευσης

پارک وسایط

σιδηροδρομικός σταθμός

ایستگاه ریل

σιδηροδρυμικές γραμμές

خط ریل

τρένο

ریل

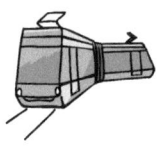

τραμ

ریل برقی

βαγόνι

واگن

ελικόπτερο

هلیکوپتر

αεροδρόμιο

میدان هوایی

πύργος

برج

επιβάτης

مسافر

εμπορευματοκιβώτιο

کانتینر

χαρτοκιβώτιο

کارتن

καρότσι

گادی

καλάθι

سبد

απογειώνομαι /
προσγειώνομαι

پرواز کردن / فرود آمدن

πόλη

شهر

χωριό

قریه

κέντρο της πόλης

تیاتر شهر

σπίτι

خانه

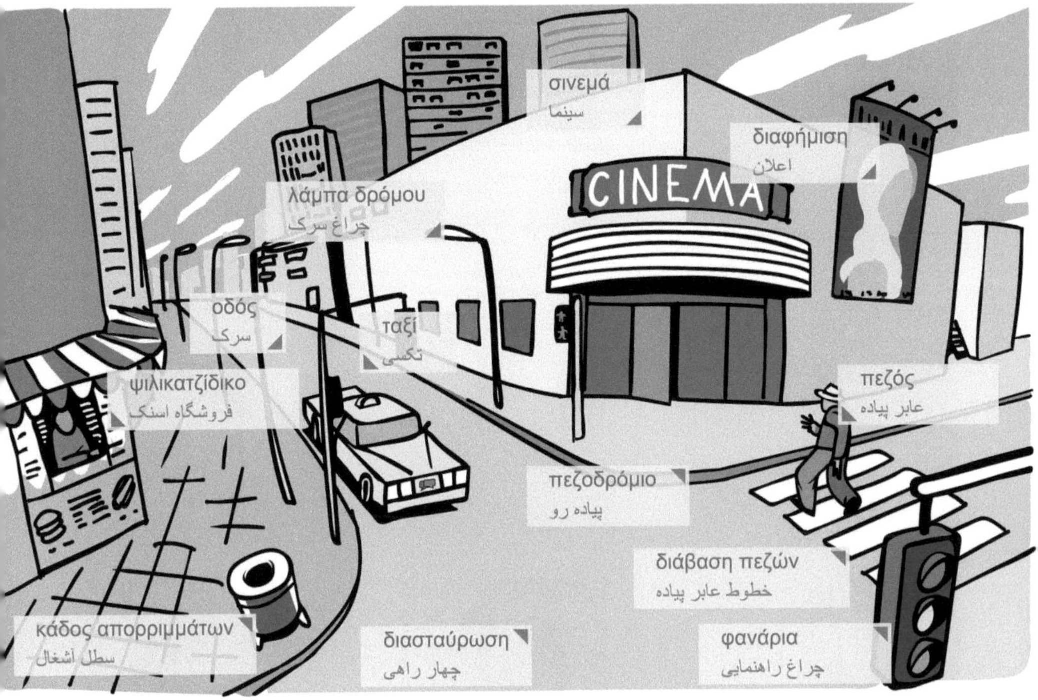

σινεμά
سینما

διαφήμιση
اعلان

λάμπα δρόμου
چراغ سرک

CINEMA

οδός
سرک

ταξί
تکسی

ψιλικατζίδικο
فروشگاه اسنک

πεζός
عابر پیاده

πεζοδρόμιο
پیاده رو

διάβαση πεζών
خطوط عابر پیاده

κάδος απορριμμάτων
سطل آشغال

διασταύρωση
چهار راهی

φανάρια
چراغ راهنمایی

καλύβα
کلبه

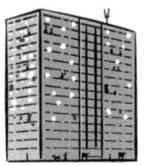

διαμέρισμα
آپارتمان

σιδηροδρομικός σταθμός
ایستگاه ریل

δημαρχείο
تالار شهر

μουσείο
موزیم

σχολείο
مکتب

πόλη - شهر
11

πανεπιστήμιο

پوهنتون

τράπεζα

بانک

νοσοκομείο

شفاخانه

ξενοδοχείο

هوتل

φαρμακείο

دواخانه

γραφείο

دفتر

βιβλιοπωλείο

کتابفروشی

κατάστημα

مغازه

ανθοπωλείο

گل فروشی

σούπερ μάρκετ

سوپر مارکیت

αγορά

فروشگاه

πολυκατάστημα

فروشگاه

ιχθυοπωλείο

ماهی فروشی

εμπορικό κέντρο

مرکز خرید

λιμάνι

بندر

πάρκο

پارک

παγκάκι

دراز چوکی

γέφυρα

پل

σκάλες

زینه ها

μετρό

مترو

τούνελ

تونل

στάση λεωφορείου

ایستگاه بس

μπαρ

میخانه

εστιατόριο

رستورانت

γραμματοκιβώτιο

صندوق پست

πινακίδα δρόμου

علامت سرک

παρκόμετρο

ماشین پارکو متر

ζωολογικός κήπος

باغ وحش

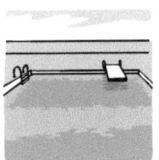

πισίνα

حوض آببازی

τζαμί

مسجد

αγρόκτημα

مزرعه

ρύπανση

آلوده گی

νεκροταφείο

قبرستان

εκκλησία

کلیسا

παιδική χαρά

میدان بازی

ναός

معبد

τοπίο

چشم انداز

φύλλο
برگ

πινακίδα κατεύθυνσης
لوحه

δρόμος
راه

λιβάδι
علفزار

πέτρα
سنگ

δέντρο
درخت

πεζοπόρος
کوهنورد

ποτάμι
دریا

χορτάρι
علف

λουλούδι
گل

κοιλάδα

دره

λόφος

تپه

λίμνη

دریاچه

δάσος

جنگل

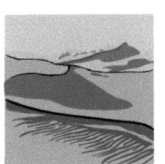

έρημος

صحرا

ηφαίστειο

آتشفشان

κάστρο

قلعه

ουράνιο τόξο

رنگین کمان

μανιτάρι

سمارق

φοίνικας

درخت آلو

κουνούπι

پشه

μύγα

مگس

μυρμήγκι

مورچه

μέλισσα

زنبور

αράχνη

عنکبوت

σκαθάρι

قانغوزک

βάτραχος

بقه

σκίουρος

موش خرما

σκαντζόχοιρος

خارپشت

λαγός

خرگوش صحرایی

κουκουβάγια

بوم

πουλί

پرنده

κύκνος

مرغابی

αγριογούρουνο

خوک وحشی

ελάφι

گوزن

άλκη

گوزن شمالی

φράγμα

بند آب

ανεμογεννήτρια

توربین بادی

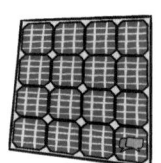

ηλιακός συλλέκτης

صفحه خورشیدی

κλίμα

آب و هوا

εστιατόριο
رستورانت

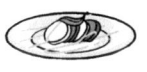

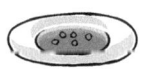

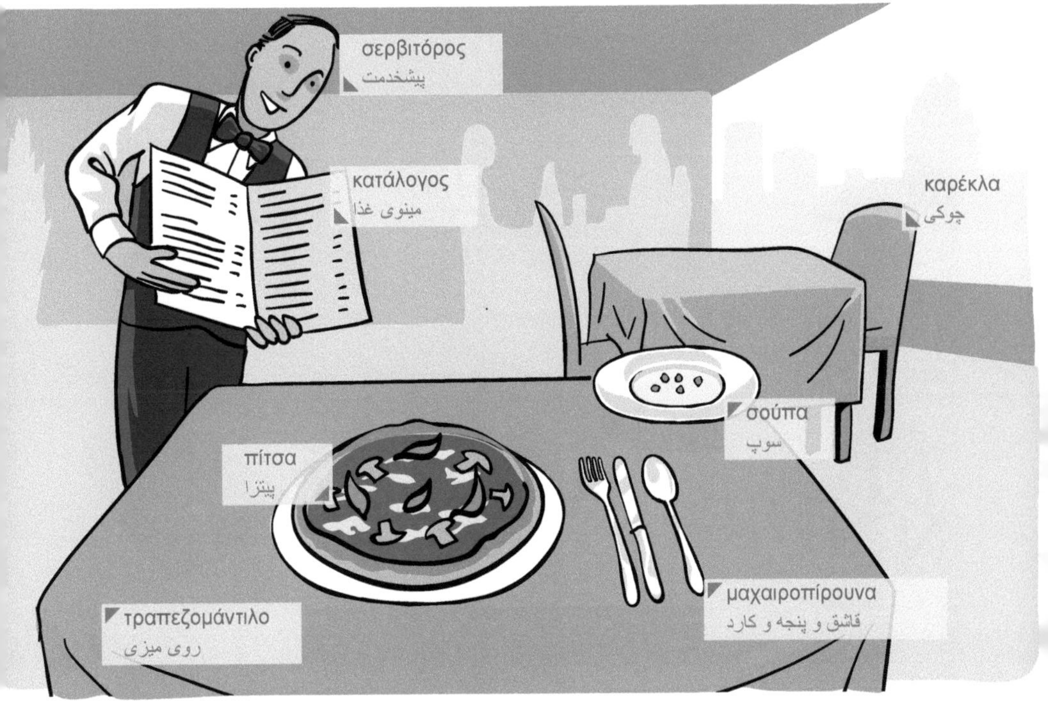

σερβιτόρος
پیشخدمت
κατάλογος
مینوی غذا
καρέκλα
چوکی
σούπα
سوپ
πίτσα
پیتزا
μαχαιροπίρουνα
قاشق و پنجه و کارد
τραπεζομάντιλο
روی میزی

ορεκτικό

پیش غذا

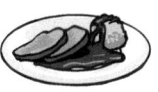

κύριο πιάτο

غذای اصلی

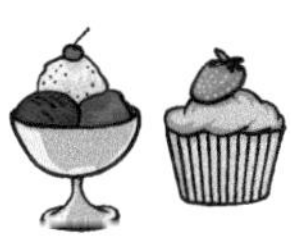

επιδόρπιο

شرینی

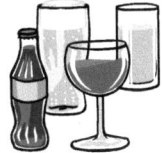

ποτά

نوشیدنی ها

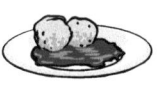

φαγητό

غذا

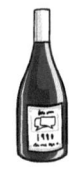

μπουκάλι

بوتل

φαστ φουντ

فاست فود

φαγητό στ' όρθιο

غذای کنار سرک

τσαγιέρα

چاینک/ترموز

δοχείο ζάχαρης

قندانی

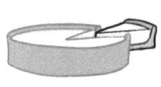

μερίδα

بخش غذا

μηχανή εσπρέσο

دستگاه اسپرسو

ψηλή καρέκλα

چوکی بلند

λογαριασμός

بل

δίσκος

پطنوس

μαχαίρι

چاقو

πιρούνι

پنجه

κουτάλι

قاشق

κουταλάκι του τσαγιού

قاشق چای خوری

πετσέτα φαγητού

دستپاک دسترخوان یا میز

ποτήρι

گیلاس

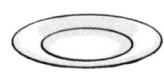

πιάτο

بشقاب

πιάτο σούπας

بشقاب سوپ

πιατάκι φλιτζανιού

نعلبکی

σάλτσα

چتنی

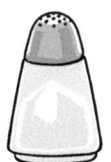

αλατιέρα

نمکدان

μύλος για πιπέρι

آسیاب مرچ

ξύδι

سرکه

λάδι

روغن خوراکی

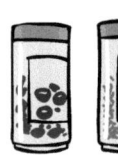

μπαχαρικά

ادویه

κέτσαπ

کچاپ

μουστάρδα

ساس خردل

μαγιονέζα

مایونز

σούπερ μάρκετ
سوپر مارکیت

προσφορά
پیشنهاد خاص
FOR
πελάτης
مشتری
γαλακτοκομικά προϊόντα
لبنیات
φρούτα
میوه
καρότσι για ψώνια
چرخ دستی

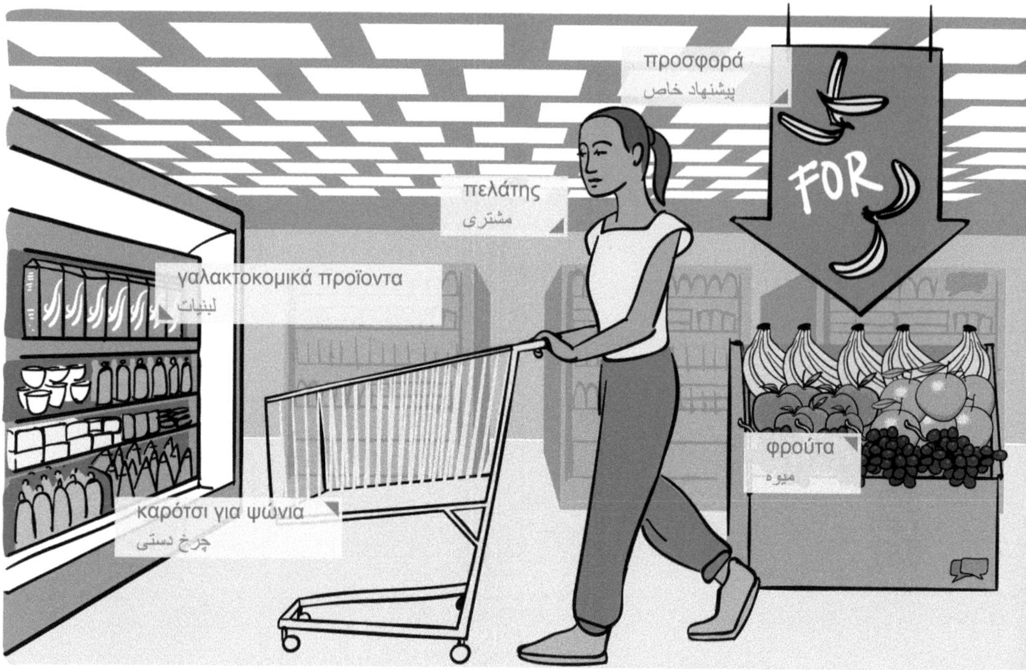

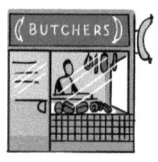

BUTCHERS

κρεοπωλείο

قصابی

BAKERY

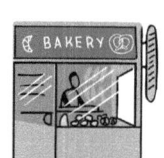

φούρνος

نانوایی

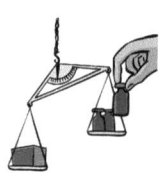

ζυγίζω

وزن کردن

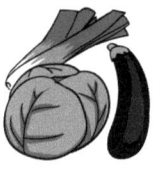

λαχανικά

سبزیجات

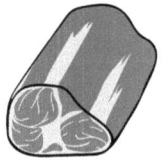

κρέας

گوشت

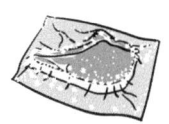

κατεψυγμένα τρόφιμα

غذای منجمد

αλλαντικά

غذای سرد

κονσερβοποιημένη τροφή

غذای کنسر شده

απορρυπαντικό ρούχων

پودر رختشویی

γλυκά

شیرینی

οικιακά είδη

لوازم خانگی

καθαριστικά προϊόντα

محصولات پاک کننده

πωλήτρια

فروشنده

ταμείο

دخل پیسه

ταμίας

صندوقدار

λίστα για ψώνια

لست خرید

ωράριο λειτουργίας

ساعات کاری

πορτοφόλι

بکسک جیبی

πιστωτική κάρτα

کریدیت کارت

τσάντα

بیگ

πλαστική σακούλα

بیگ پلاستیکی

νερό

آب

χυμός

جوس

γάλα

شیر

κόκα κόλα

نوشابه

κρασί

شراب

μπίρα

بیر

αλκοόλ

الکول

κακάο

ککو

τσάι

چای

καφές

قهوه

εσπρέσο

اسپرسو

καπουτσίνο

کاپوچینو

μπανάνα

كيله

μήλο

سيب

πορτοκάλι

مالته

πεπόνι

تربوز

λεμόνι

ليمو

καρότο

زردگ

σκόρδο

سير

μπαμπού

چوب خيزران

κρεμμύδι

پياز

μανιτάρι

سمارق

ξηροί καρποί

مغزيات

νουντλς

آش

μακαρόνια

مكرونى

ρύζι

برنج

σαλάτα

سلاد

πατατάκια

چيپس

τηγανητές πατάτες

كچالو سرخ كرده

πίτσα

پيتزا

χάμπουργκερ

همبرگر

σάντουιτς

ساندويچ

κοτολέτα

كتلت

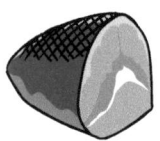

ζαμπόν

همبرگر

σαλάμι

سالامى

λουκάνικο

ساسيج

κοτόπουλο

مرغ

ψητό

كباب

ψάρι

ماهى

φαγητό - غذا

χυλός βρώμης

فرنی جو

μούσλι

صبحانه رژیمی

κορν φλέικς

کورن فلکس

αλεύρι

آرد

κρουασάν

کروسانت

ψωμάκι

قرص نان

ψωμί

نان خشک

τοστ

توست / نان بریان

μπισκότα

بیسکیت

βούτυρο

مسکه

τυρόπηγμα

چکه

κέικ

کیک

αυγό

تخم مرغ

τηγανητό αυγό

تخم مرغ سرخ شده

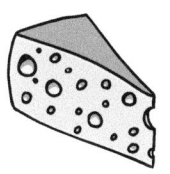

τυρί

پنیر

παγωτό

آیسکریم

ζάχαρη

شکر

μαρμελάδα

مربا

άλλειμμα σοκολάτας

مسکه چاکلیت

μέλι

عسل

κάρυ

زردچوبه هندی

αγρόκτημα

مزرعه

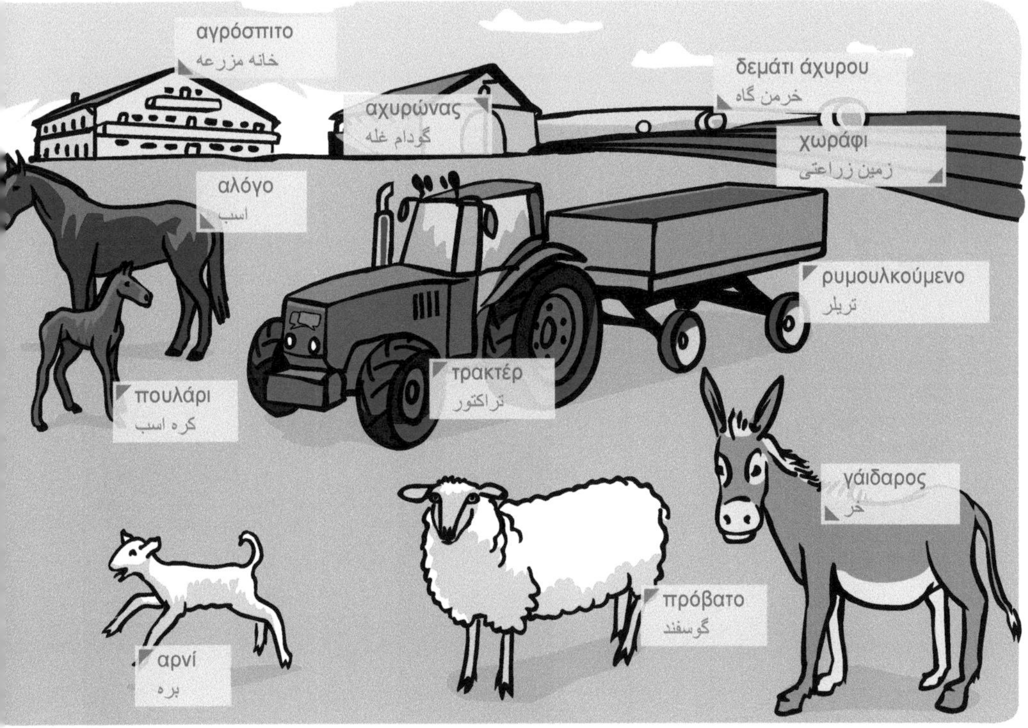
αγρόσπιτο
خانه مزرعه
αχυρώνας
گودام غله
δεμάτι άχυρου
خرمن گاه
χωράφι
زمین زراعتی
αλόγο
اسب
ρυμουλκούμενο
تریلر
πουλάρι
کره اسب
τρακτέρ
تراکتور
γάιδαρος
خر
πρόβατο
گوسفند
αρνί
بره

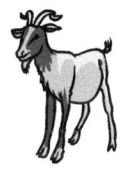

κατσίκα

بز

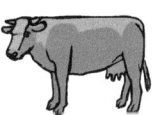

αγελάδα

گاو

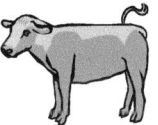

μοσχαράκι

گوساله

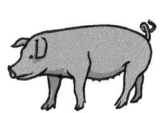

γουρούνι

خوک

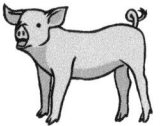

γουρουνάκι

خوکچه

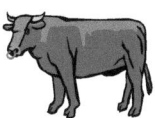

ταύρος

گاو نر

χήνα

قاز

πάπια

مرغابی

κοτοπουλάκι

چوچه مرغ

κότα

مرغ

κόκορας

خروس

αρουραίος

موش صحرایی

γάτα

پیشک

ποντίκι

موش

βόδι

گومیش

σκύλος

سگ

σπιτάκι σκύλου

خانه سگ

λάστιχο κήπου

خانه باغ

ποτιστήρι

آبپاش

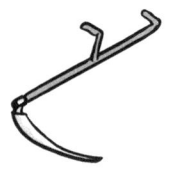

θεριστήρι

داس

αλέτρι

قولبه کردن

δρεπάνι

داس

τσάπα

کج بیل

δίκρανο

چنگال باغبانی

τσεκούρι

تبر

χειράμαξα

کراچی

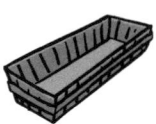

ταΐστρα

تغار

δοχείο γάλακτος

قوطی شیر

σάκος

بوجی

φράχτης

دیوار مرزی از چوب یا سیم خار دار

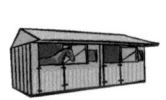

στάβλος

پایدار

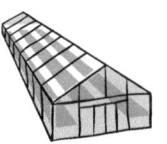

θερμοκήπιο

گلخانه

έδαφος

خاک

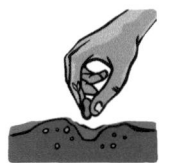

σπόρος

تخم

λίπασμα

کود

θεριζοαλωνιστική μηχανή

ماشین درو وخرمنکوبی

αγρόκτημα - مزرعه

θερίζω

درو کردن

συγκομιδή

درو

γιαμς

کچالو شرین

σιτάρι

گندم

σόγια

سویا

πατάτα

کچالو

καλαμπόκι

جواری

κράμβη

کلزا

οπωροφόρο δέντρο

درخت میوه

μανιόκα

مانیوک

δημητριακά

غلات و حبوبات

σπίτι

خانه

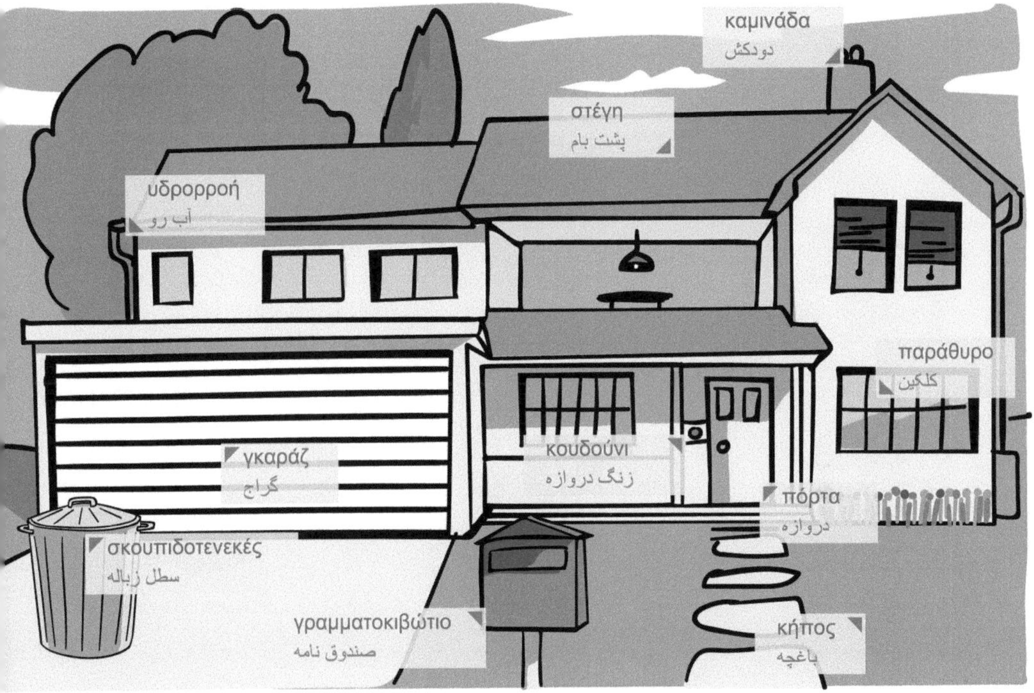
καμινάδα
دودکش
στέγη
پشت بام
υδρορροή
آب رو
παράθυρο
کلکین
γκαράζ
گراج
κουδούνι
زنگ دروازه
πόρτα
دروازه
σκουπιδοτενεκές
سطل زباله
γραμματοκιβώτιο
صندوق نامه
κήπος
باغچه

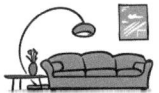

σαλόνι

اطاق نشیمن

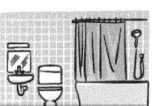

μπάνιο

حمام / دستشویی

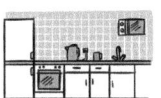

κουζίνα

آشپزخانه

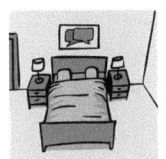

υπνοδωμάτιο

اطاق خواب

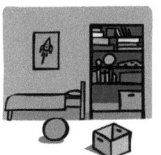

παιδικό δωμάτιο

اطاق اطفال

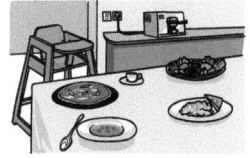

τραπεζαρία

اطاق پذیرایی

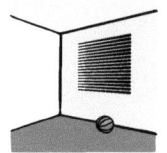

πάτωμα

کف زمین

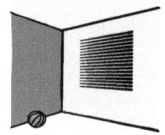

τοίχος

دیوار

οροφή

سقف

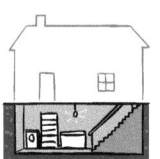

κελάρι

گودام زیر زمینی

σάουνα

سونا

μπαλκόνι

بالکن

βεράντα

برنده / بالکن

πισίνα

حوض

μηχανή του γκαζόν

ماشین درو کردن چمن

σεντόνι

ورق کاغذ

κάλυμμα κρεβατιού

روجایی

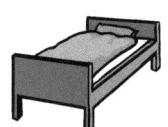

κρεβάτι

تختخواب

σκούπα

جارو

κουβάς

سطل

διακόπτης

سویچ

σαλόνι

اطاق نشیمن

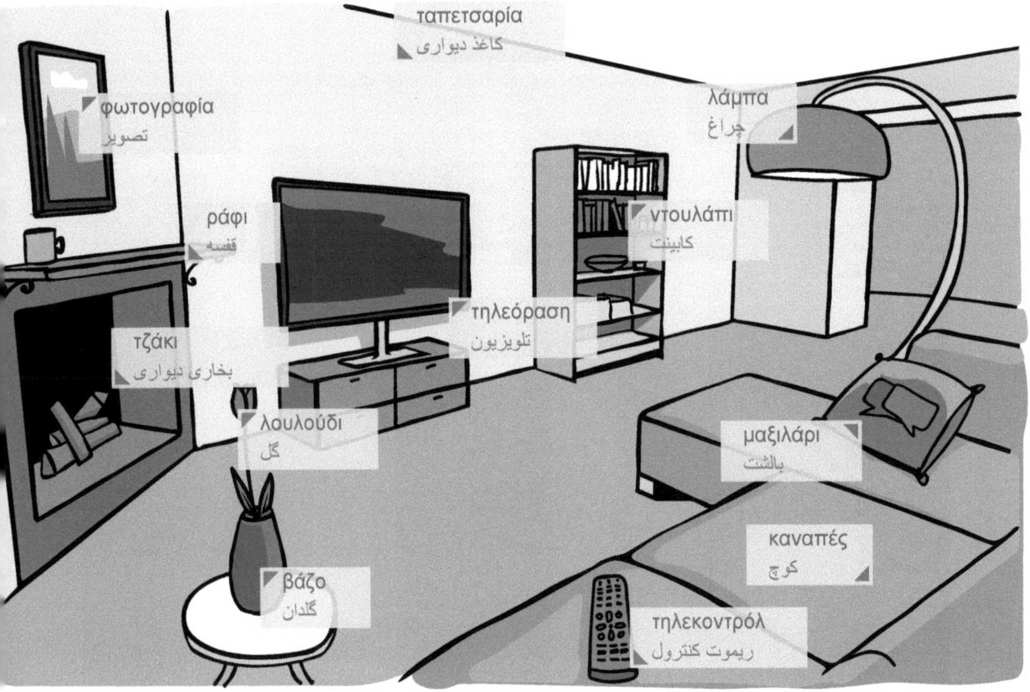

ταπετσαρία
کاغذ دیواری
φωτογραφία
تصویر
λάμπα
چراغ
ράφι
قفسه
ντουλάπι
کابینت
τηλεόραση
تلویزیون
τζάκι
بخاری دیواری
λουλούδι
گل
μαξιλάρι
بالشت
καναπές
کوچ
βάζο
گلدان
τηλεκοντρόλ
ریموت کنترول

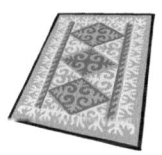

χαλί

فرش

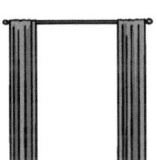

κουρτίνα

پرده

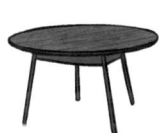

τραπέζι

میز

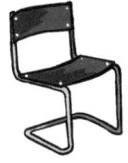

καρέκλα

چوکی

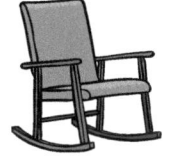

κουνιστή πολυθρόνα

چوکی گهواره یی

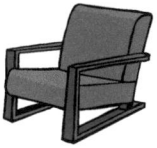

πολυθρόνα

چوکی دسته دار

βιβλίο

كتاب

κουβέρτα

كمپل

διακόσμηση

دكوراسيون

καυσόξυλα

هيزم

ταινία

فلم

στερεοφωνικό σύστημα

سيستم های فای

κλειδί

كليد

εφημερίδα

روزنامه

πίνακας ζωγραφικής

تابلوی نقاشی

αφίσα

پوستر

ραδιόφωνο

راديو

σημειωματάριο

دفتر

ηλεκτρική σκούπα

جاروبرقی

κάκτος

كاكتوس

κερί

شمع

κουζίνα
آشپزخانه

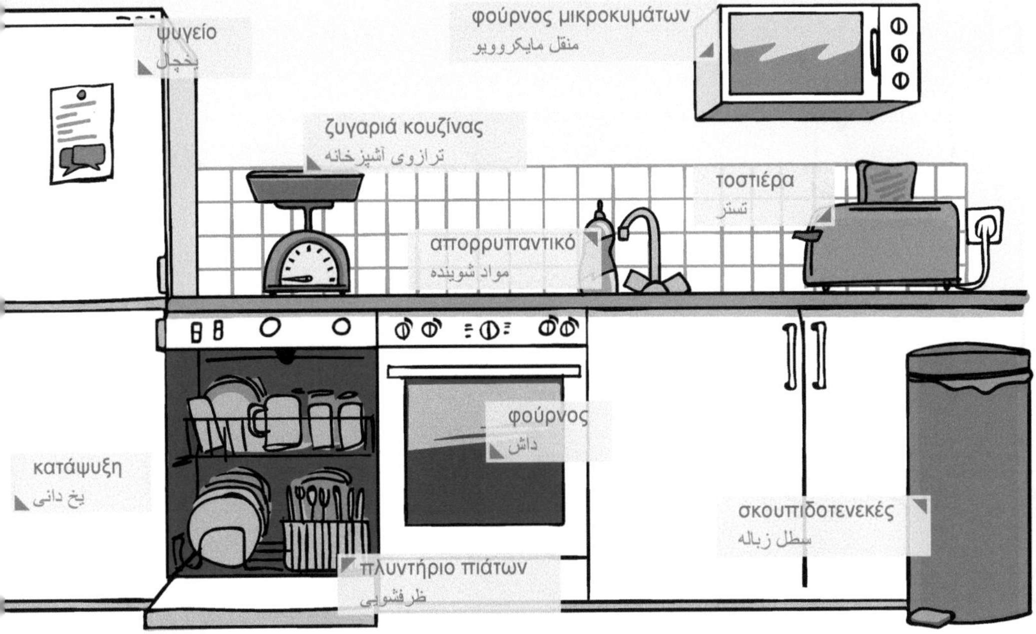

ψυγείο
یخچال
φούρνος μικροκυμάτων
منقل مایکروویو
ζυγαριά κουζίνας
ترازوی آشپزخانه
τοστιέρα
تستر
απορρυπαντικό
مواد شوینده
φούρνος
داش
κατάψυξη
یخ دانی
σκουπιδοτενεκές
سطل زباله
πλυντήριο πιάτων
ظرفشویی

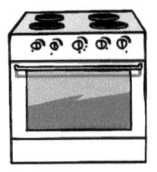

κουζίνα

منقل

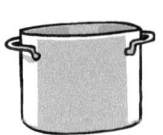

κατσαρόλα

دیگ

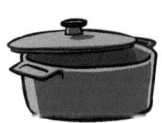

μαντεμένια κατσαρόλα

دیگ چدنی

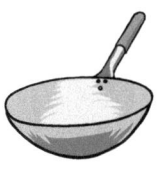

γουόκ/καντάι

کراهی

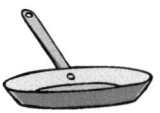

τηγάνι

تابه

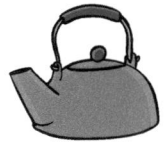

βραστήρας

چای جوش

ατμομάγειρας

بخاریز

ταψί

پطنوس طباخی

πιατικά

ظروف

κούπα

پیاله کلان

μπολ

کاسه

ξυλάκια

چاپستیک ها

κουτάλα

ملاقه

σπάτουλα

کفگیر

ανακατεύω

مخلوط کننده

σουρωτήρι

چلو صاف

σουρωτηράκι

غلبیل

τρίφτης

رنده

γουδί

هاونگ

ψησταριά

بار بیکیو

ανοιχτή φωτιά

آتش باز

σανίδα κοπής

تخته برش

πλάστης

آشگر

ανοιχτήρι φελλών

سر بازکن

κονσέρβα

قوطی

ανοιχτήρι κονσέρβας

سر باز کن

γάντι φούρνου

دستگیره تکه ای

νεροχύτης

ظرف شویی

βούρτσα

برس ظرف شویی

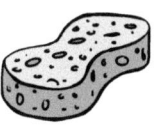

σφουγγάρι

اسفنج

μπλέντερ

مخلوط کن

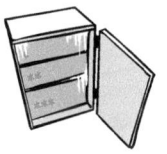

καταψύκτης

فریزر

μπιμπερό

شیر چوشک اطفال

βρύση

نل آب

μπάνιο

حمام / دستشویی

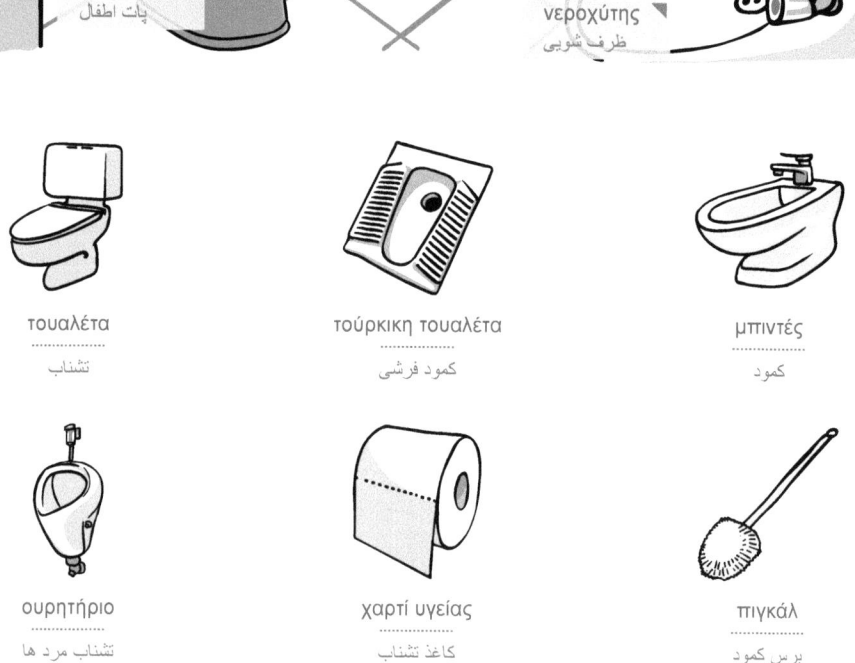

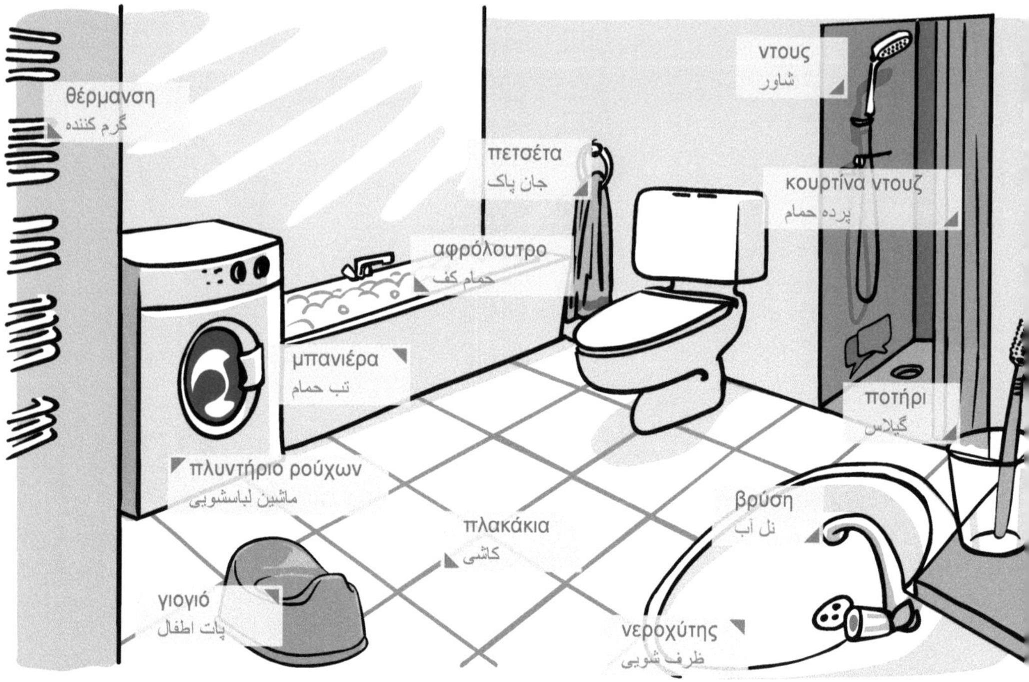
θέρμανση
گرم کننده
πετσέτα
جان پاک
ντους
شاور
κουρτίνα ντουζ
پرده حمام
αφρόλουτρο
حمام کف
μπανιέρα
تب حمام
ποτήρι
گیلاس
πλυντήριο ρούχων
ماشین لباسشویی
βρύση
نل آب
πλακάκια
کاشی
γιογιό
پات اطفال
νεροχύτης
ظرف شویی

τουαλέτα

تشناب

τούρκικη τουαλέτα

کمود فرشی

μπιντές

کمود

ουρητήριο

تشناب مرد ها

χαρτί υγείας

کاغذ تشناب

πιγκάλ

برس کمود

οδοντόβουρτσα

برس دندان

οδοντόκρεμα

کریم دندان

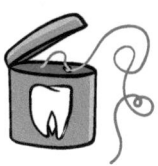

οδοντικό νήμα

نخ دندان

πλένω

شستن

τηλέφωνο ντους

شاور دستی

ντουσιέρα

شاور کمود

λεκάνη

دستشویی

βούρτσα πλάτης

برس پشت

σαπούνι

صابون

αφρόλουτρο

جل حمام

σαμπουαν

شامپو

φανέλα

لیف

σιφόνι

آب رو

κρέμα

کریم

αποσμητικό

بوزدا

καθρέφτης

آینه

καθρέφτης χειρός

آینه دستی

ξυραφάκι

ریش تراش

αφρός ξυρίσματος

کف ریش تراشی

αφτερσέιβ

کلونیا

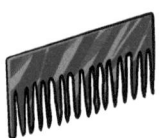

χτένα

شانه موی

βούρτσα

برس

σεσουάρ

سشوار

λακ

اسپری مو

μακιγιάζ

آرایش

κραγιόν

لب سرین

βερνίκι νυχιών

رنگ ناخن

βαμβάκι

پشم پنبه

ψαλίδι νυχιών

ناخن گیر

άρωμα

عطر

νεσεσέρ

کیسه شستشو

σκαμπό

چوکی چار پایه

ζυγαριά

ترازوی وزن

μπουρνούζι

جان پاک

ελαστικά γάντια

دستکش پلاستیکی

ταμπόν

تامپون

πετσέτα υγιεινής

کوتکس

χημική τουαλέτα

تشناب سیار

παιδικό δωμάτιο

اطاق اطفال

ξυπνητήρι
ساعت زنگ دار
λούτρινο ζωάκι
گدی های نرم
αυτοκινητάκι
موتر سامان بازی
κουδουνίστρα
جرنگانه
κουκλόσπιτο
خانه گدی
δώρο
هدیه

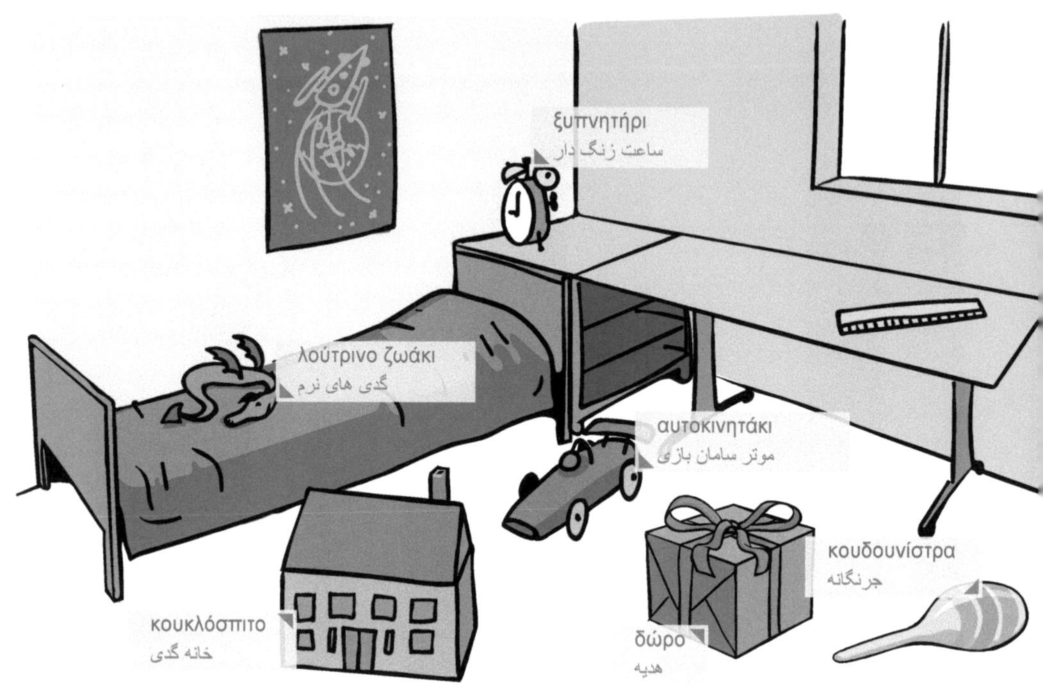

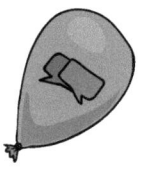

μπαλόνι

پوقانه

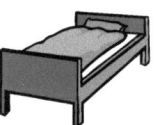

κρεβάτι

تختخواب

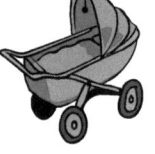

καροτσάκι

ریکشه اطفال

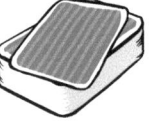

τράπουλα

قطعه بازی

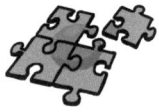

παζλ

پازل

κόμικς

خنده آور

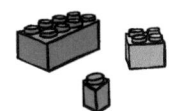

τουβλάκια lego

خشت های لگو

τουβλάκια κατασκευών

بلوک های سامان بازی

φιγούρα δράσης

پچه فلم

βρεφικό φορμάκι

لباس طفل

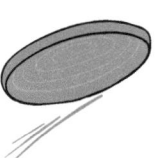

φρίσμπι

فریزبی

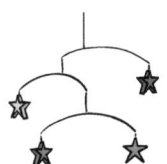

μόμπιλο

سامان بازی که روی تخت خواب اطفال
اویزان می شود

επιτραπέζιο παιχνίδι

بازی تخته یی

σετ τρενάκι

ریل اسباب بازی

ζάρια

تاس

πιπίλα

چوشک

πάρτι

مهمانی

εικονογραφημένο βιβλίο

کتاب تصویری

μπάλα

توپ

κούκλα

گدیگگ

παίζω

بازی کردن

σκάμμα με άμμο

جعبه ریگ

κούνια

گاز

παιχνίδια

اسباب بازی

κονσόλα βιντεοπαιχνιδιών

کنسول بازی کمپیوتری

τρίκυκλο

سه چرخه

αρκουδάκι

خرس سامان بازی

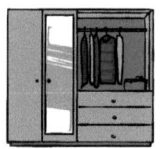

ντουλάπα

الماری لباس

ρούχα

لباس

κάλτσες

جوراب

καλτσοδέτες

جوراب دراز

καλσόν

پرجس

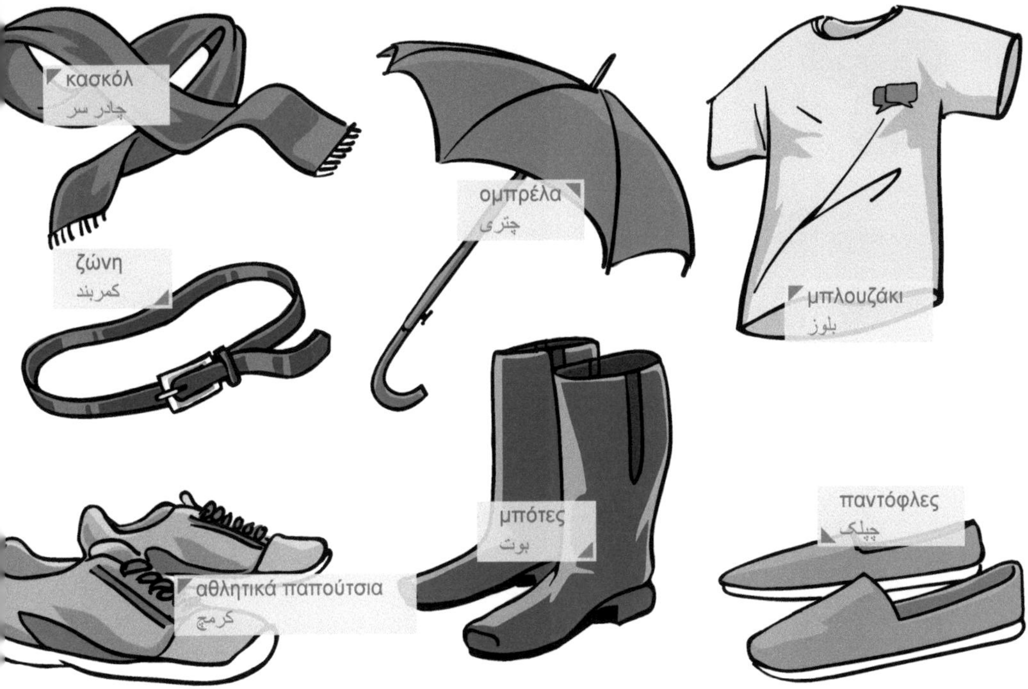

κασκόλ
چادر سر

ομπρέλα
چتری

μπλουζάκι
بلوز

ζώνη
کمربند

μπότες
بوت

παντόφλες
چپلک

αθλητικά παπούτσια
کرمچ

σανδάλια
چپلی

παπούτσια
بوت

γαλότσες
موزه پلاستیکی

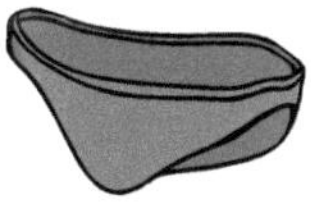

εσώρουχο
نیکر

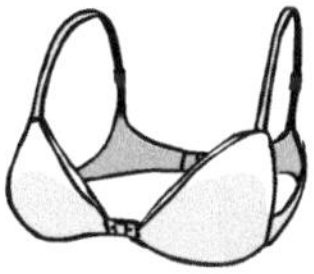

σουτιέν
واسکت زنانه

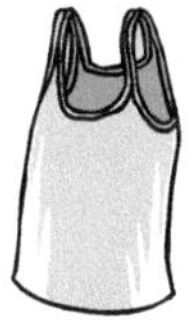

φανέλα
واسکت

σώμα

بدن

παντελόνι

برزو

τζιν παντελόνι

پتلون کاوبای

φούστα

دامن

μπλούζα

بلوز

πουκάμισο

پیراهن

πουλόβερ

یالان

πουλόβερ

جاکت کلاه دار

σακάκι

جاکت

μπουφάν

چمپر

παλτό

کورتی

αδιάβροχο πανωφόρι

کوت بارانی

κοστούμι

لباس مخصوص مراسم

φόρεμα

پیراهن

νυφικό

لباس عروسی

κοστούμι

دريشى

νυχτικό

لباس خواب

πιτζάμες

پاجامه

σάρι

سارى

μαντήλι

چادر سر

τουρμπάνι

لنگى

μπούρκα

چادرى

καφτάνι

كفتان

μουσουλμανικό ένδυμα

چادر

ολόσωμο μαγιό

لباس آببازى

ανδρικό μαγιό

نيكر پاچه دار

σορτς

پتلون نصفه

αθλητική φόρμα

لباس ورزشى

ποδιά

پيش بند

γάντια

دستكش

κουμπί

دکمه

γυαλιά

عینک

βραχιόλι

دستبند

περιδέραιο

گردن بند

δαχτυλίδι

انگشتر

σκουλαρίκι

گوشواره

καπέλο

کلاه پیک دار

κρεμάστρα

کت بند

καπέλο

کلاه

γραβάτα

نیکتایی

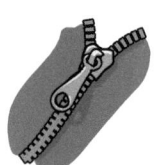

φερμουάρ

زیپ

κράνος

کلاه مصون

τιράντες

بند تنبان

μαθητική στολή

یونیفورم مکتب

στολή

یونیفورم

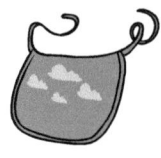

σαλιάρα

پیش بند

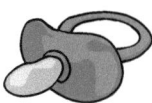

πιπίλα

چوشک

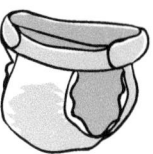

πάνα

پمپر

γραφείο

دفتر

σέρβερ
سرور
αρχειοθήκη
الماری اسناد
εκτυπωτής
پرینتر
χαρτί
کاغذ
οθόνη
مانیتور
ποντίκι
ماوس
γραφείο
میز کار
ντοσιέ
فولدر
πληκτρολόγιο
کیبورد
καλάθι αχρήστων
سبد کاغذ باطله
υπολογιστής
کمپیوتر
καρέκλα
چوکی

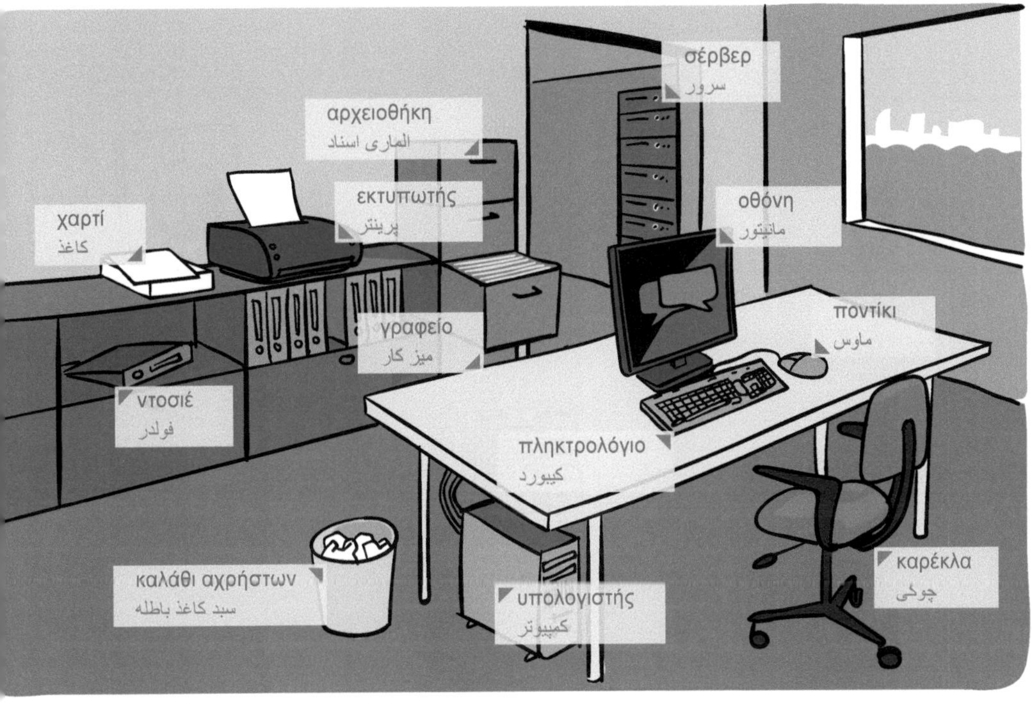

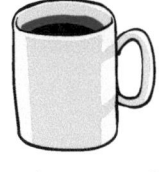

κούπα του καφέ

گیلاس قهوه

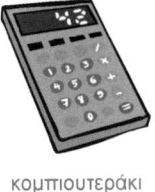

κομπιουτεράκι

ماشین حساب

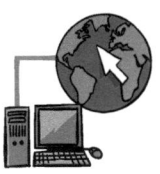

ίντερνετ

اینترنت

λάπτοπ

لپ تاپ

γράμμα

نامه

μήνυμα

پیام

κινητό

موبایل

δίκτυο

شبکه

φωτοτυπικό μηχάνημα

ماشین فوتوکاپی

λογισμικό

نرم افزار

τηλέφωνο

تلیفون

πρίζα

پلک

συσκευή φαξ

دستگاه فکس

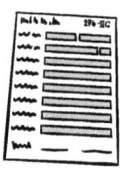

έντυπο

فورمه

έγγραφο

سند

αγοράζω

خرید کردن

πληρώνω

پرداختن

συναλλάσσομαι

تجارت کردن

χρήματα

پول

δολάριο

دالر

ευρώ

یورو

γιεν

ین

ρούβλι

روبل

ελβετικό φράγκο

فرانک سوئیس

ρενμίνμπι γιουάν

یوان رنمینبی

ρουπία

روپیه

ATM (αυτόματη ταμειακή μηχανή)

خودپرداز

ανταλλακτήρια
συναλλάγματος

دفتر صرافى

χρυσός

طلا

ασήμι

نقره

πετρέλαιο

نفت

ενέργεια

انرژى

τιμή

قيمت

συμβόλαιο

قرارداد

φόρος

ماليات

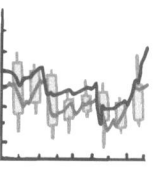

μετοχή

سهام

δουλεύω

كار كردن

υπάλληλος

كارمند

εργοδότης

استخدام كننده

εργοστάσιο

فابريكه

κατάστημα

مغازه

επαγγέλματα
شغل ها

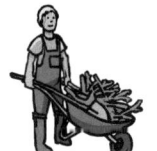

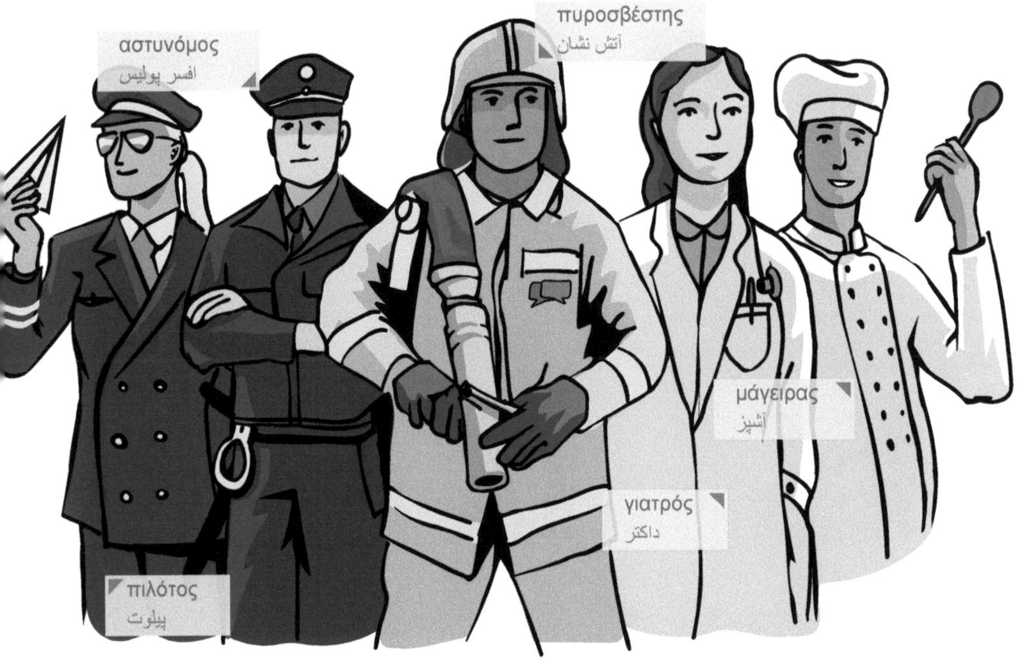
αστυνόμος
افسر پولیس
πυροσβέστης
آتش نشان
μάγειρας
آشپز
γιατρός
داکتر
πιλότος
پیلوت

κηπουρός

باغبان

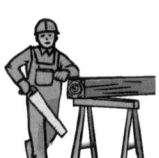

ξυλουργός

نجار

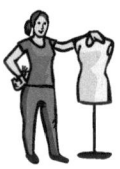

μοδίστρα

خیاط

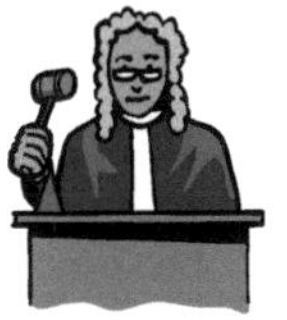

δικαστής

قاضی

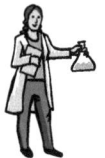

χημικός

کیمیا دان

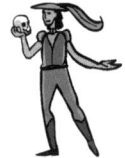

ηθοποιός

بازیگر

οδηγός λεωφορείου

راننده بس

ταξιτζής

راننده تکسی

ψαράς

ماهیگیر

καθαρίστρια

خدمه

τεχνίτης στεγών

سقف ساز

σερβιτόρος

پیشخدمت

κυνηγός

شکارچی

ζωγράφος

نقاش

αρτοποιός

نانوا

ηλεκτρολόγος

برقی

οικοδόμος

بنا

μηχανολόγος

انجنیر

κρεοπώλης

قصاب

υδραυλικός

نلدوان

ταχυδρόμος

پستچی

στρατιώτης

سرباز

αρχιτέκτονας

معمار

ταμίας

صندوقدار

ανθοπώλης

گل فروش

κομμωτής

آرایشگر

ελεγκτής εισιτηρίων

مامور تکت ریل

μηχανικός

میخانیک

καπετάνιος

کاپیتان

οδοντίατρος

داکتر دندان

επιστήμονας

دانشمند

ραβίνος

خاخام/ عالم یهودی

ιμάμης

امام

μοναχός

راهب

ιερέας

ملا

εργαλεία
ابزار

πένσα
پلاس
σφυρί
چکش
κατσαβίδι
پیچ کش
Γαλλικό κλειδί
رینچ
φακός
چراغ دستی

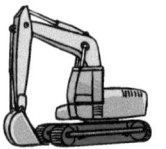

εκσκαφέας

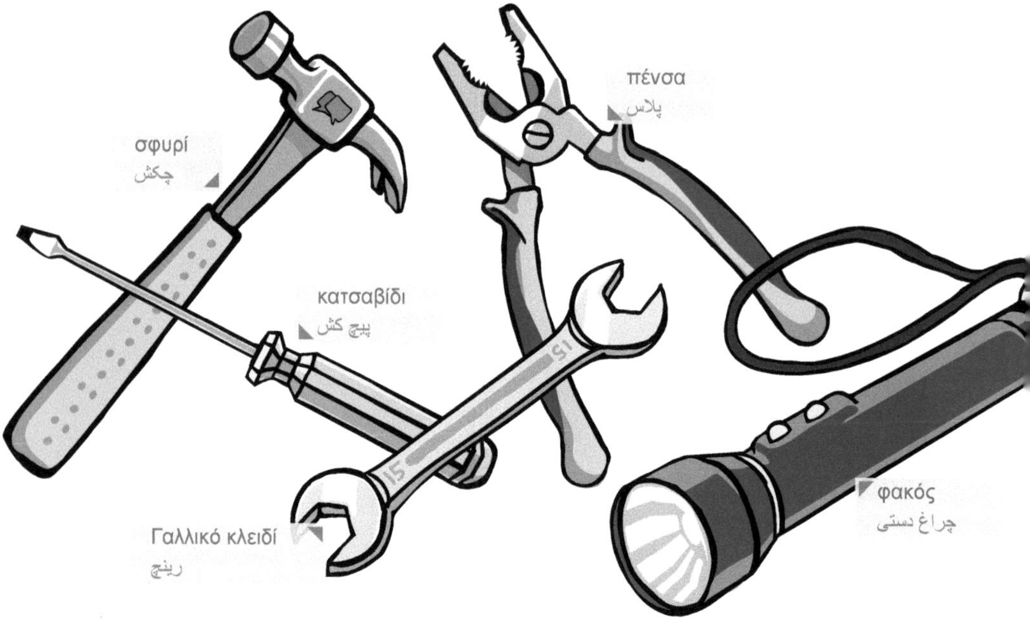

ماشین حفاری

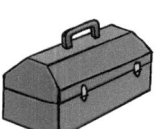

εργαλειοθήκη

جعبه ابزار

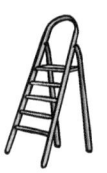

σκάλα

زینه

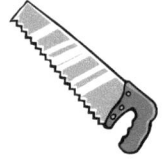

πριόνι

اره

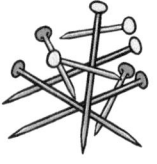

καρφιά

میخ

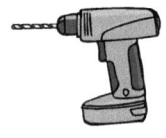

τρυπάνι

برمه

επισκευάζω

....

ترمیم کردن

φτυάρι

....

بیل

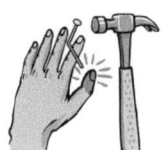

Να πάρει!

....

لعنتی!

φαράσι

....

خاکروبه

δοχείο χρωμάτων

....

سطل رنگ

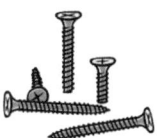

βίδες

....

پیچ

μουσικά όργανα

آلات موسیقی

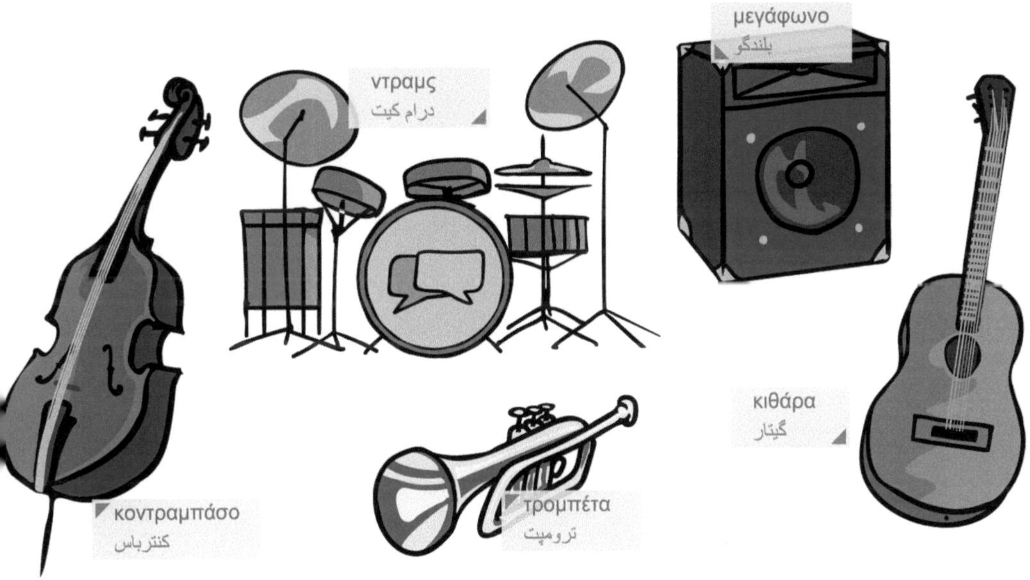

μεγάφωνο
بلندگو

ντραμς
درام کیت

κοντραμπάσο
کنترباس

τρομπέτα
ترومپت

κιθάρα
گیتار

πιάνο

پیانو

βιολί

وایلن

μπάσο

گیتار بیس

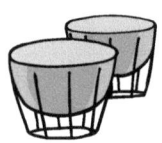

τύμπανα

دهل

τύμπανο

دول

σαξόφωνο

ساکسوفون

πλήκτρα

پیانوی برقی

φλάουτο

توله

μικρόφωνο

میکروفون

τίγρης
ببر

κλουβί
قفس

ζέβρα
گوره خر

είσοδος
ورودی

ζωοτροφή
غذای حیوانات

πάντα
پاندا

ζώα

حیوانات

ελέφαντας

فیل

καγκουρό

کانگورو

ρινόκερος

غژگاو

γορίλας

گوریلا

αρκούδα

خرس

καμήλα

شتر

στρουθοκάμηλος

شترمرغ

λιοντάρι

شیر

πίθηκος

میمون

φλαμίνγκο

فلامینگو

παπαγάλος

طوطی

πολική αρκούδα

خرس قطبی

πιγκουίνος

پنگونن

καρχαρίας

کوسه

παγώνι

طاووس

φίδι

مار

κροκόδειλος

تمسا

φύλακας ζωολογικού κήπου

نگهبان باغ وحش

φώκια

سگ آبی

τζάγκουαρ

پلنگ خالدار امریکایی

πόνυ

اسب کوچک

λεοπάρδαλη

پلنگ

ιπποπόταμος

اسب آبی

καμηλοπάρδαλη

زرافه

αετός

عقاب

αγριογούρουνο

خوک وحشی

ψάρι

ماهی

χελώνα

سنگ پشت

θαλάσσιος ίππος

شیر دریایی

αλεπού

روباه

γυζέλυ

غزال

ζωολογικός κήπος - باغ وحش

Αμερικάνικο ποδόσφαιρο
فوتبال امریکایی

ποδηλασία
بایسکل سواری

αντισφαίριση
تنیس

μπάσκετ
باسکتبال

κολύμβηση
آب بازی

χόκεϋ επί πάγου
هاکی روی یخ

πυγχαμία
بوکس

ποδόσφαιρο
فوتبال

μπάντμιντον
بدمینتون

στίβος
ورزشکاری

χάντμπολ
هندبال

σκι
اسکی

πόλο
پولو

δραστηριότητες
فعالیت ها

πηδάω
خیز زدن
αγκαλιάζω
بغل کردن
γελάω
خندیدن
περπατάω
راه رفتن
τραγουδάω
خواندن
ονειρεύομαι
خواب دیدن
προσεύχομαι
دعا کردن
φιλάω
بوسیدن

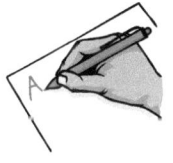

γράφω

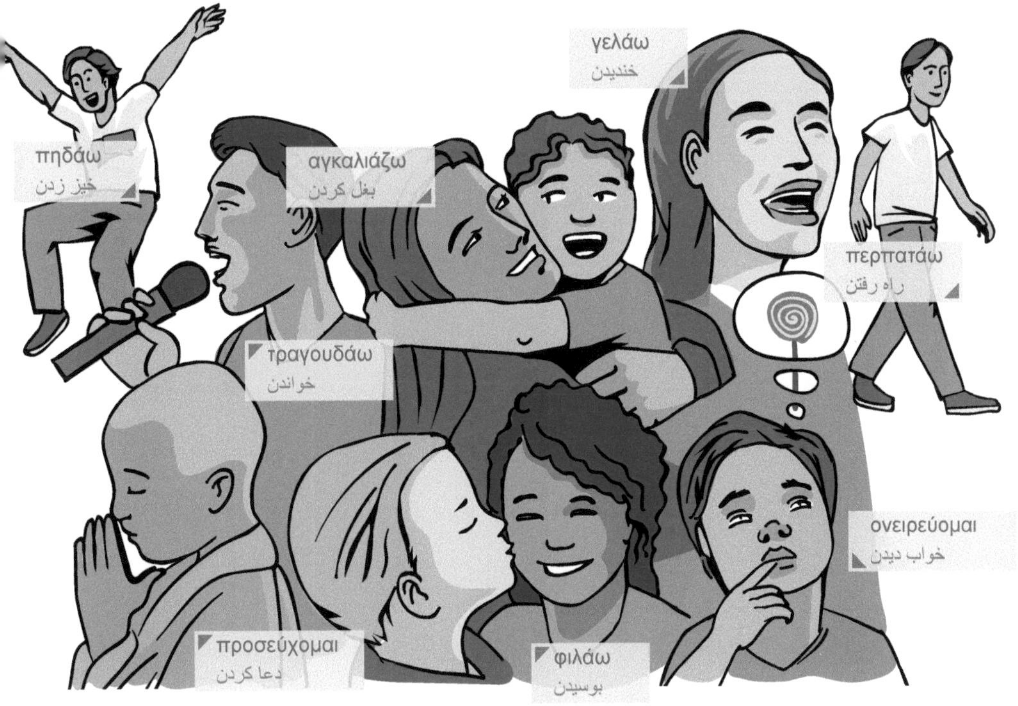

نوشتن

σχεδιάζω

کشیدن

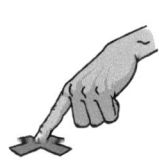

δείχνω

نشان دادن

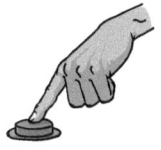

πιέζω

تیله کردن

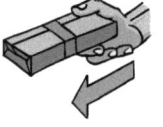

δίνω

دادن

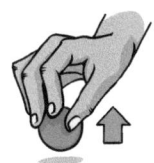

παίρνω

گرفتن

έχω

داشتن

κάνω

انجام دادن

είμαι

بودن

στέκομαι

ایستادن

τρέχω

دویدن

τραβάω

کش کردن

ρίχνω

پرتاب کردن

πέφτω

افتادن

ξαπλώνω

دروغ گفتن

περιμένω

صبر کردن

κουβαλώ

حمل کردن

κάθομαι

نشستن

φοράω

لباس پوشیدن

κοιμάμαι

خوابیدن

ξυπνάω

بیدار شدن

κοιτάω

نگاه کردن

κλαίω

گریه کردن

χαϊδεύω

ضربه زدن

χτενίζω

شانه کردن

μιλάω

صحبت کردن

καταλαβαίνω

فهمیدن

ρωτάω

پرسیدن

ακούω

گوش دادن

πίνω

نوشیدن

τρώω

خوردن

συγυρίζω

مرتب کردن

αγαπάω

عشق ورزیدن

μαγειρεύω

پختن

οδηγώ

راننده گی کردن

πετάω

پرواز کردن

κάνω ιστιοπλοΐα

روی آب حرکت کردن

υπολογίζω

حساب کردن

διαβάζω

خواندن

μαθαίνω

یاد گرفتن

δουλεύω

کار کردن

παντρεύομαι

ازدواج کردن

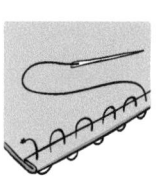

ράβω

دوختن

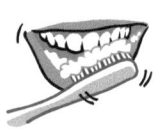

βουρτσίζω τα δόντια

برس کردن دندان ها

σκοτώνω

کشتن

καπνίζω

سگریت کشیدن

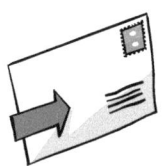

στέλνω

فرستادن

οικογένεια
فامیل

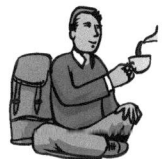

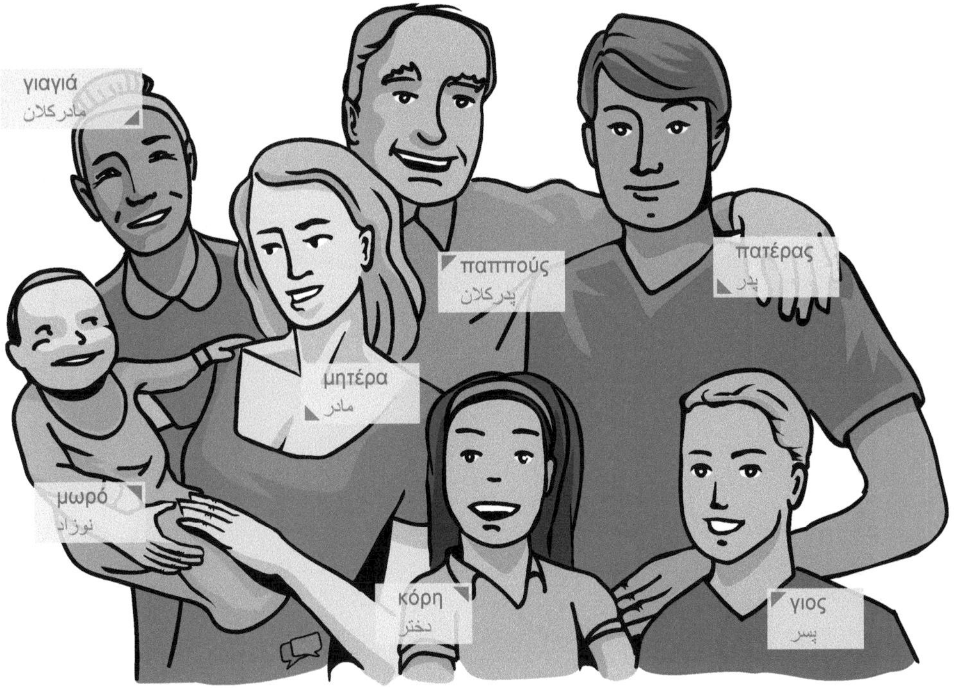
γιαγιά
مادرکلان
παππούς
پدرکلان
πατέρας
پدر
μητέρα
مادر
μωρό
نوزاد
κόρη
دختر
γιος
پسر

καλεσμένος
مهمان

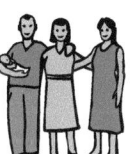

θεία
عمه / خاله

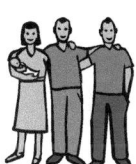

θείος
ماما/کاکا

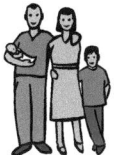

αδελφός
برادر

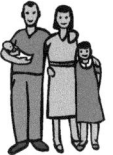

αδελφή
خواهر

σώμα

بدن

μέτωπο
پیشانی
μάτι
چشم
ώμος
شانه
δάχτυλο
انگشت
πρόσωπο
روی
πιγούνι
زنخ
χέρι
دست
πόδι
پا
στήθος
سینه
βραχίονας
بازو

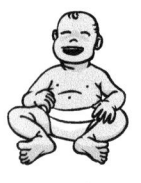

μωρό

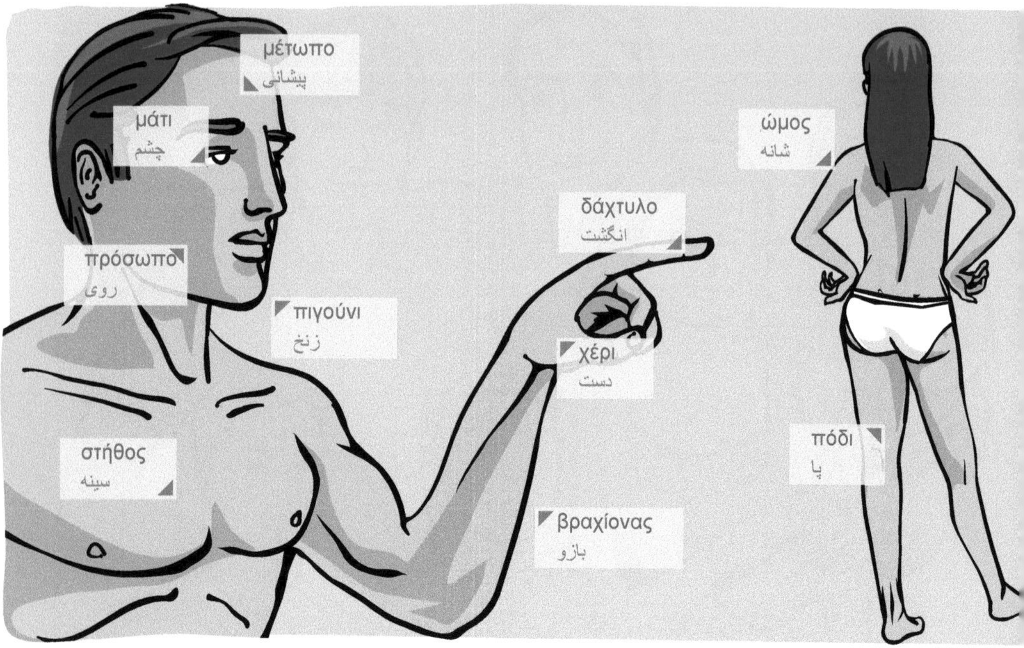

نوزاد

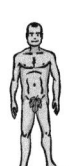

άνδρας

مرد

γυναίκα

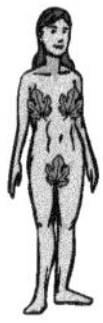

زن

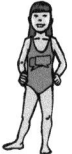

κορίτσι

دختر

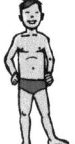

αγόρι

پسر

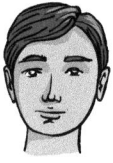

κεφάλι

سر

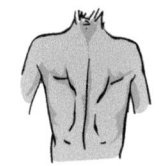

πλάτη
....
کمر

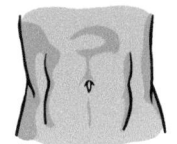

κοιλιά
....
شکم

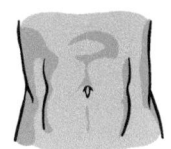

αφαλός
....
ناف

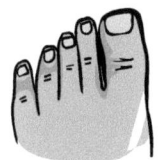

δάχτυλο ποδιού
....
انگشت پا

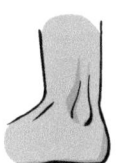

φτέρνα
....
کوری پای

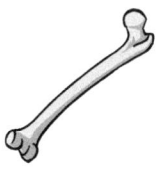

κόκκαλο
....
استخوان

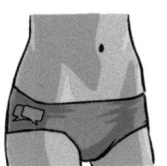

γοφός
....
کمر

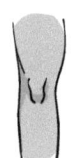

γόνατο
....
زانو

αγκώνας
....
آرنج

μύτη
....
بینی

γλουτύς
....
سرین

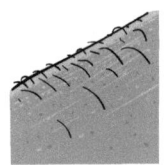

δέρμα
....
پوست

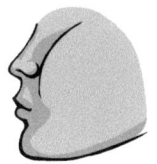

μάγουλο
....
گونه

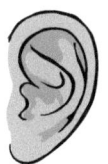

αυτί
....
گوش

χείλος
....
لب

στόμα

دهان

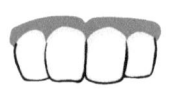

δόντι

دندان

γλώσσα

زبان

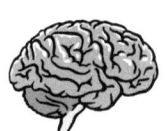

εγκέφαλος

مغز

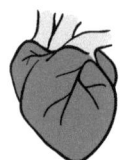

καρδιά

قلب

μυς

عضله

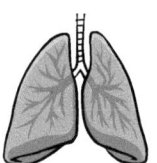

πνεύμονας

شش

συκώτι

جگر

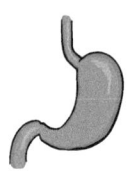

στομάχι

معده

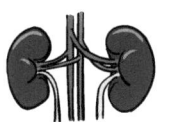

νεφρά

گرده

σεξουαλική επαφή

رابطه جنسی

προφυλακτικό

کاندوم

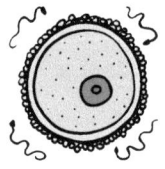

ωάριο

تخمه

σπέρμα

آب منی

εγκυμοσύνη

حاملگی

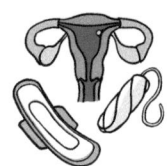

περίοδος

....

قاعده گی

γυναικείος κόλπος

....

مجرای تناسلی زن

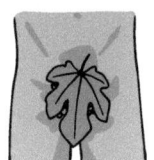

πέος

....

آلت تناسلی مرد

φρύδι

....

ابرو

μαλλιά

....

مو

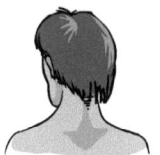

λαιμός

....

گردن

νοσοκομείο
شفاخانه

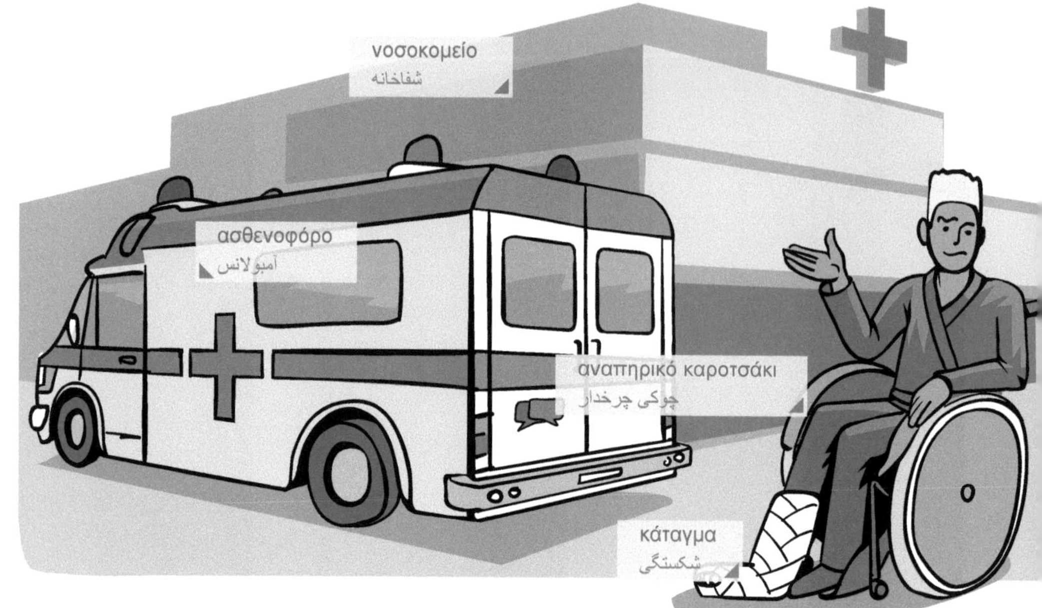

νοσοκομείο
شفاخانه
ασθενοφόρο
آمبولانس
αναπηρικό καροτσάκι
چوکی چرخدار
κάταγμα
شکستگی

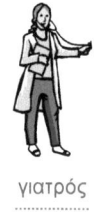

γιατρός

داکتر

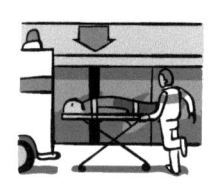

μονάδα εντατικής θεραπείας

اطاق عاجل

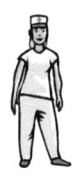

νοσοκόμα

نرس

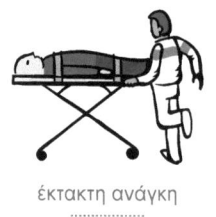

έκτακτη ανάγκη

عاجل

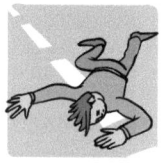

λιπόθυμος

بیهوش

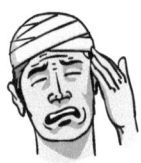

πόνος

درد

τραύμα

جراحت

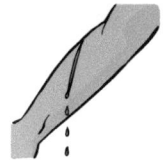

αιμορραγία

خونریزی

έμφραγμα

حمله قلبی

εγκεφαλικό

سکته مغزی

αλλεργία

حساسیت

βήχας

سرفه

πυρετός

تب

γρίπη

انفلوانزا

διάρροια

اسهال

πονοκέφαλος

سردرد

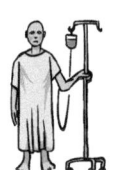

καρκίνος

سرطان

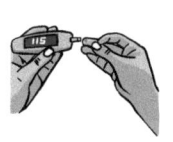

διαβήτης

شکر

χειρουργός

جراح

νυστέρι

چاقوی جراحی

εγχείρηση

عملیات

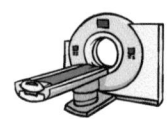

αξονική τομογραφία

سی تی

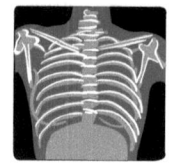

ακτινογραφία

ایکسری

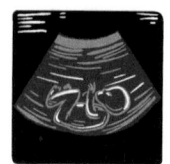

υπέρηχος

سونوگرافی

μάσκα

ماسک روی

ασθένεια

مریضی

αίθουσα αναμονής

اطاق انتظار

πατερίτσα

عصا

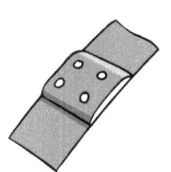

χάνσαπλαστ

گچ

επίδεσμος

پانسمان

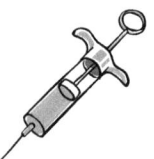

ένεση

تزریق

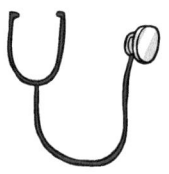

στηθοσκόπιο

استاتسکوپ

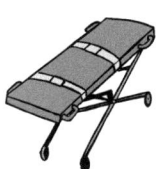

φορείο

تذکره

θερμόμετρο

ترمامیتر کلینیکی

γέννηση

تولد

υπέρβαρο

اضافه وزن

ακουστικό βαρηκοΐας

سمعک

αντισηπτικό

ضدعفونی کننده

λοίμωξη

عفونت

ιός

وایروس

HIV/AIDS

اچ آی وی / ایدز

φάρμακο

ادویه

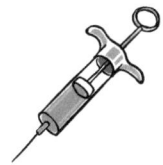

εμβολιασμός

واکسیناسیون

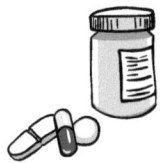

δισκία

تابلیت ها

χάπι

تابلیت

κλήση έκτακτης ανάγκης

تماس اضطراری

πιεσόμετρο αίματος

مانیتور فشار خون

άρρωστος / υγιής

بیمار / سالم

Βοήθεια!

كمک!

συναγερμός

زنگ هشدار

βιαιοπραγία

تجاوز

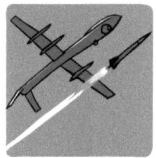

επίθεση

حمله

κίνδυνος

خطر

έξοδος κινδύνου

خروج اضطراری

Φωτιά!

آتش!

πυροσβεστήρας

آله ضد حریق

ατύχημα

حادثه

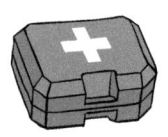

κουτί πρώτων βοηθειών

بکسه کمک های اولیه

SOS

پیام اضطراری

αστυνομία

پولیس

Ευρώπη

اروپا

Βόρεια Αμερική

امریکای شمالی

Νότια Αμερική

امریکای جنوبی

Αφρική

آفریقا

Ασία

آسیا

Αυστραλία

استرالیا

Ατλαντικός Ωκεανός

اقیانوس اطلس

Ειρηνικός Ωκεανός

اقیانوس آرام

Ινδικός Ωκεανός

اقیانوس هند

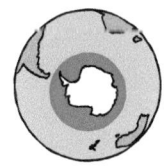

Ανταρκτικός Ωκεανός

اقیانوس منجمد جنوبی

Αρκτικός Ωκεανός

اقیانوس منجمد شمالی

Βόρειος Πόλος

قطب شمال

Νότιος Πόλος

قطب جنوب

Ανταρκτική

قاره قطب جنوب

Γη

زمین

γη

خشکی

θάλασσα

دریا

νησί

جزیره

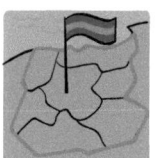

έθνος

ملت

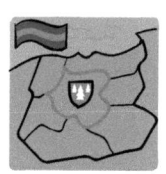

πολιτεία

کشور

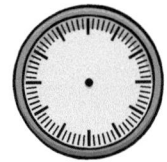

καντράν ρολογιού

روی ساعت

ωροδείκτης

عقربه ساعت شمار

λεπτοδείκτης

عقربه دقیقه شمار

δείκτης δευτερολέπτων

عقربه ثانیه شمار

Τι ώρα είναι;

ساعت چند است؟

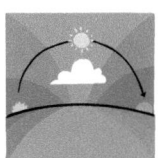

ημέρα

روز

χρόνος

زمان

τώρα

اکنون

ψηφιακό ρολόι

ساعت دستی دیجیتل

λεπτό

دقیقه

ώρα

ساعت

Δευτέρα	Τετάρτη	Παρασκευή
MO	W	FR
دوشنبه	چهارشنبه	جمعه

TU	TH	SA
Τρίτη	Σάββατο	
سه شنبه	شنبه	

Πέμπτη	SO
پنجشنبه	Κυριακή
	یکشنبه

χθες
ديروز

σήμερα
امروز

αύριο
فردا

πρωί
صبح

μεσημέρι
ظهر

βράδυ
غروب

εργάσιμες ημέρες
روزهای کاری

Σαββατοκύριακο
آخر هفته

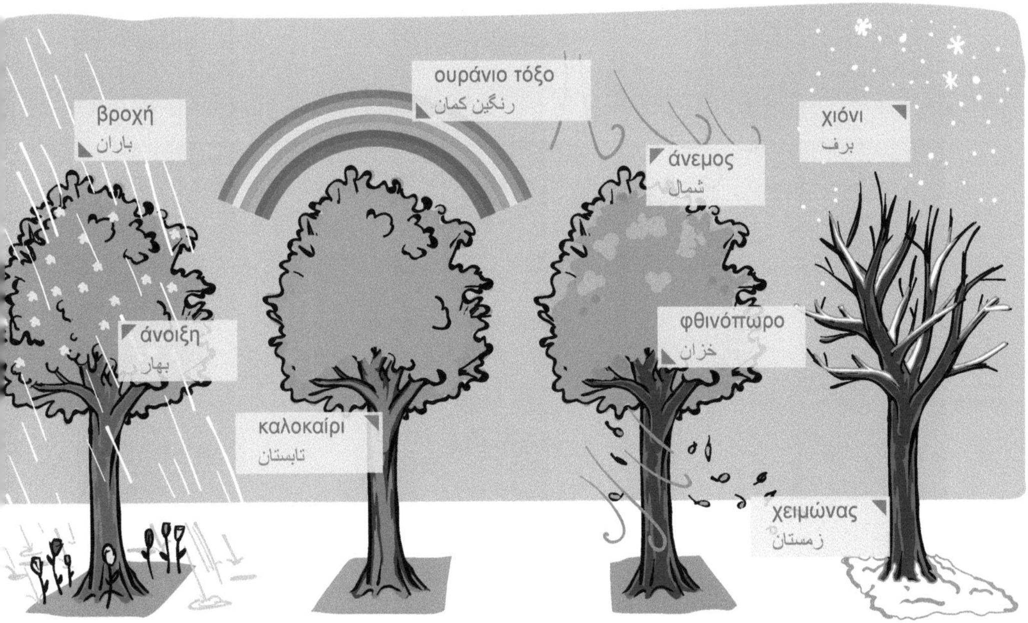

βροχή
باران
ουράνιο τόξο
رنگین کمان
άνεμος
شمال
χιόνι
برف
άνοιξη
بهار
καλοκαίρι
تابستان
φθινόπωρο
خزان
χειμώνας
زمستان

4.APRIL 11°
5.APRIL 4°
6.APRIL 13°
7.APRIL 8°
8.APRIL 10°

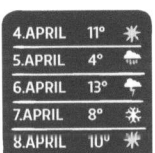

πρόγνωση καιρού

پیش بینی آب و هوا

F C
120 40
90 30
60 20
30 10
0 0
-30 -10
-20

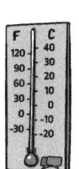

θερμόμετρο

ترمامیتر

λιακάδα

آفتاب

σύννεφο

ابر

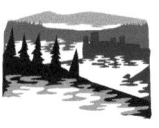

ομίχλη

غبار

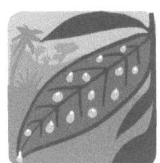

υγρασία

رطوبت

αστραπή

رعد و برق

κεραυνός

الماسک

καταιγίδα

طوفان

χαλάζι

ژاله

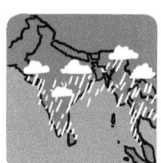

μουσώνας

موسم بارندگی

πλημμύρα

سیل

πάγος

یخ

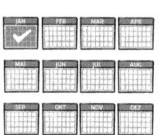

Ιανουάριος

جنوری

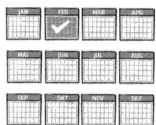

Φεβρουάριος

فبروری

Μάρτιος

مارچ

Απρίλιος

اپریل

Μάιος

می

Ιούνιος

جون

Ιούλιος

جولای

Αύγουστος

اگست

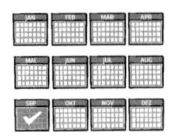

Σεπτέμβριος

سپتمبر

Οκτώβριος

اکتوبر

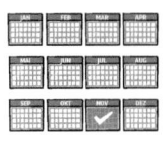

Νοέμβριος

نومبر

Δεκέμβριος

دسمبر

σχήματα
شکل ها

κύκλος

دایره

τετράγωνο

مربع

ορθογώνιο
παραλληλόγραμμο
مستطیل

τρίγωνο

مثلث

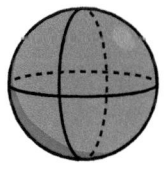

σφαίρα

کره

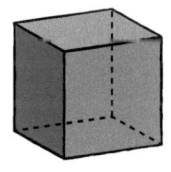

κύβος

مکعب

άσπρο

سفید

κίτρινο

زرد

πορτοκαλί

نارنجی

ροζ

گلابی

κόκκινο

سرخ

μωβ

بنفش

μπλε

آبی

πράσινο

سبز

καφέ

نصواری/قهوه یی

γκρι

خاکستری

μαύρο

سیاه

πολύ / λίγο

زیاد / کم

θυμωμένος / ήρεμος

عصبانی / آرام

όμορφος / άσχημος

مقبول / بدرنگ

αρχή / τέλος

آغاز / پایان

μεγάλος / μικρός

بزرگ / کوچک

φωτεινός / σκοτεινός

روشن / تیره

αδελφός / αδελφή

برادر / خواهر

καθαρός / λερωμένος

پاک / کثیف

πλήρης / ατελής

کامل / ناقص

ημέρα / νύχτα

روز / شب

νεκρός / ζωντανός

مرده / زنده

φαρδύς / στενός

عریض / باریک

βρώσιμος / μη βρώσιμος

خوراکی / غیر خوراکی

κακός / ευγενικός

عصبانی / دوستانه

ενθουσιασμένος / βαριεστημένος

هیجان زده / کسل

παχύς / λεπτός

چاق / لاغر

πρώτος / τελευταίος

اول / آخر

φίλος / εχθρός

دوست / دشمن

γεμάτος / άδειος

پر / خالی

σκληρός / μαλακός

سخت / نرم

βαρύς / ελαφρύς

سنگین / سبک

πείνα / δίψα

گرسنگی / تشنگی

άρρωστος / υγιής

بیمار / سالم

παράνομος / νόμιμος

غیر قانونی / قانونی

έξυπνος / χαζός

باهوش / احمق

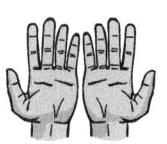

αριστερός / δεξιός

چپ / راست

κοντινός / μακρινός

نزدیک / دور

καινούριος /
μεταχειρισμένος

نو / کهنه

τίποτα / κάτι

هیچ چیز / چیزی

γέρος | νέος

پیر / جوان

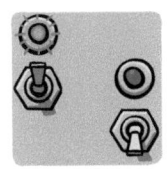

αναμμένος / σβηστός

روشن / خاموش

ανοιχτός / κλειστός

باز / بسته

χαμηλόφωνος /
μεγαλόφωνος

بی صدا / پر سر و صدا

πλούσιος / φτωχός

ثروتمند / فقیر

σωστός / λανθασμένος

صحیح / غلط

τραχύς / λείος

ناهموار / هموار

λυπημένος / χαρούμενος

غمگین / خوشحال

κοντός / μακρύς

کوتاه / بلند

αργός / γρήγορος

أهسته / سریع

υγρός / στεγνός

تر / خشک

ζεστός / δροσερός

گرم / سرد

πόλεμος / ειρήνη

جنگ / صلح

0	**1**	**2**
μηδέν	ένα	δύο
صفر	یک	دو

3	**4**	**5**
τρία	τέσσερα	πέντε
سه	چهار	پنج

6	**7**	**8**
έξι	εφτά	οκτώ
شش	هفت	هشت

9	**10**	**11**
εννιά	δέκα	έντεκα
نه	ده	یازده

12

δώδεκα

دوازده

13

δεκατρία

سیزده

14

δεκατέσσερα

چهارده

15

δεκαπέντε

پانزده

16

δεκαέξι

شانزده

17

δεκαεφτά

هفده

18

δεκαοκτώ

هجده

19

δεκαεννέα

نوزده

20

είκοσι

بیست

100

εκατό

صد

1.000

χίλια

هزار

1.000.000

εκατομμύριο

میلیون

Αγγλικά

انگلیسی

Αμερικάνικα Αγγλικά

انگلیسی امریکایی

Μανδαρίνικα Κινέζικα

چینی ماندارین

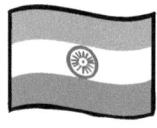

Χίντι

هندی

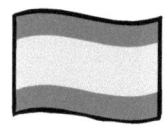

Ισπανικά

اسپانیایی

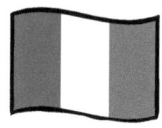

Γαλλικά

فرانسوی

Αραβικά

عربی

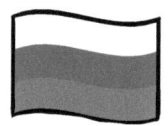

Ρώσικα

روسی

Πορτογαλικά

پرتغالی

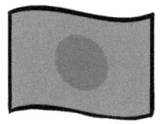

Μπενγκάλι

بنگالی

Γερμανικά

آلمانی

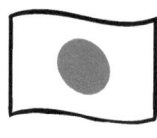

Ιαπωνικά

جاپانی

εγώ

من

εσύ

شما

αυτός / αυτή / αυτό

او / او / آن

εμείς

ما

εσείς

شما

αυτοί / αυτές / αυτά

آن ها

ποιος / ποια / ποιο;

کی؟

τι;

چی؟

πώς;

چطور؟

πού;

کجا؟

πότε;

چه وقت؟

όνομα

اسم

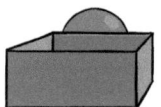

πίσω

عقب

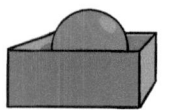

μέσα

در

μπροστά

پیش روی

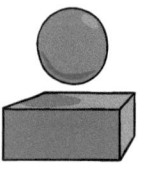

πάνω από

بالا

πάνω

روی

κάτω

زیر

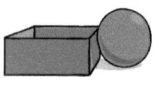

δίπλα

پهلو

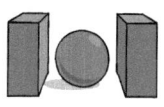

ανάμεσα

میان

μέρος

محل